U0142680

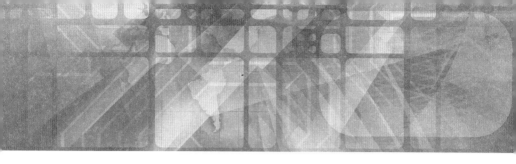

推薦序
——欣見學術倫理教育向下延伸

　　因為高中學習歷程檔案的政策推動，許多高中生會寫小論文參加比賽，這也成為其學習生涯中的一件大事。然而，高中教師及高中生是否真的了解學術研究的目的與作為，還是流於升學制度下的競賽遊戲，一直是學術界所關心的議題。

　　本人近年來一直協助我國高等教育建置學術研究倫理教育資源及制度，讓學術研究倫理教育向下扎根到高中階段，也是我心中的理想之一。所以當我收到劉啟民教授《學術研究三部曲：小論文及科展完全指南》初稿，對於劉教授能將此想法具體化，讓我深感欣喜與佩服。

　　學術倫理是學術活動的基石，不論學生年紀多大，只要投入研究工作，就需要有正確的研究倫理與誠信的概念。本書是一本非常實用的學術研究入門工具書，

希望每位高中生在踏入研究領域時，藉由閱讀此書，能
先確實了解學術研究的基本概念，學會正確的論文寫作
方式。

教育部臺灣學術倫理教育資源中心計畫主持人
國立陽明交通大學終身講座教授

周倬 謹識

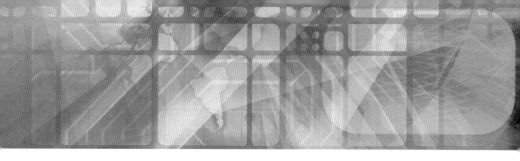

第二版序

　　承蒙感謝各位讀者的支持，本書自 2021 年 6 月正式問世以來，歷經了初版一刷、二刷之後，本書的第二版在 2024 年誕生了！

　　本次改版主要變動的部分，是增加了第四個單元「新時代的來臨：生成式 AI 的應用之道」。在 ChatGTP 於 2022 年底出現之後，各種生成式 AI 如雨後春筍般地出現，對於學術研究和寫作的各個面向產生了很大的影響，舉凡研究主題的發想、文獻的蒐集與整理、研究資料的分析、論文的寫作等，生成式 AI 都可以提供有效率的協助。在生成式 AI 風潮席捲全世界的當下，我們應該如何妥善地使用生成式 AI？在使用生成式 AI 時需要注意的事項為何？與生成式 AI 相關的學術倫理議題為何？以上的議題都會在第二版中詳細介紹。

　　筆者必須強調，本書中所介紹的生成式 AI 使用時的規範，是本書出版當下學界普遍的看法。由於生成式

AI 的發展一日千里，未來如果出現了新技術或是重大的突破，或許會改變許多目前學術界的認知及看法。換句話說，生成式 AI 在學術上可以應用的項目，以及相關的使用規範，未來都有可能產生變化。因此，我們必須時時刻刻關心生成式 AI，甚至是所有新興科技的發展，持續學習及了解這些新興科技，以及對於學術研究及寫作的影響。更深層地來說，新興科技一方面可以協助人類社會快速發展進步，另一方面則是會對人們產生各式各樣的衝擊。人們在學習新科技的時候，也應該同時思考如何建立及遵循使用規範，以降低負面衝擊對於人類的影響。

本次新增的生成式 AI 相關內容，內容橫跨了學術倫理、研究，及寫作三個層面的議題，理應依照本書書名「學術研究三部曲」的概念，分別納入第一部至第三部的單元。筆者經過再三斟酌，為了能夠凸顯生成式 AI 在學術研究上的重要性，以及希望已經看過第一版的讀者能夠快速地找到本次新增的內容，最終還是決定將生成式 AI 的內容，獨立成為本書的第四部。乍看之下，第四部的出現和書名中的三部曲，有一些違和感，但筆者認為這個違和感反而更強烈地凸顯了生成式 AI 對於學術研究和寫作的重大影響。

筆者期待本次新增生成式 AI 的內容，能夠作為同學們使用生成式 AI 協助學術研究和寫作時的參考。最後，本書中的任何疏漏、不足，或錯誤之處，還望各位學界先進及同學不吝告知筆者，以使本書的下一版能夠更加完備。

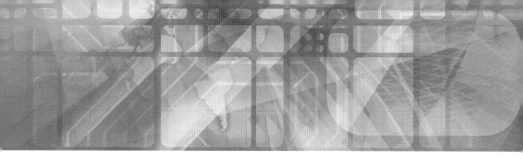

自 序

　　這是一本寫給高中同學的學術研究完全指南，特別是針對小論文及科展研究！

　　高中作為銜接國中及大學的關鍵階段，一個很重要的任務就是將國中以考試或升學為導向的學習型態，逐漸導向大學階段多面向的學習型態，因此，高中階段是許多學生開始接觸大量非考試型態的學習時期。舉凡多元課程及微課程、個人或團體報告、小論文甚至是科展研究，都是高中生進行多元學習時的重要管道。其中，小論文及科展研究因隸屬於學術研究的範疇，同學們較少機會接觸。在高中時期，部分同學可能基於對科學研究的興趣，因而展開了小論文或科展的學術研究之旅。

　　學術研究是好事，也可能因不夠了解細節而變成壞事！

　　學術研究是求學過程中，從單向輸入式的知識學習，蛻變為多面向探索式的知識學習及建構的重要進

程，對同學們來說，當然值得投入心力全力以赴。但是，如果不清楚學術研究的基本守則、進行的方式，以及寫作時的注意事項，則非常可能產出有瑕疵的研究成果、寫出不具科學性的論文，甚至會因違反學術倫理而導致嚴重的後果。簡言之，不正確或不完整的學術研究概念，將會把好事一樁變成一場惡夢！

學術研究誰來教？

整體而言，臺灣各級學校的老師都具有各自的學術專長，自然對於學術研究不會陌生。但問題在於，或許因為高中老師的授課時數多，或許由於大學老師的研究工作繁忙，對於傳授高中生「如何進行學術研究」這件事，往往心有餘而力不足。再者，市面上雖然相關的書籍很多，但多著墨於碩博士生畢業論文的研究方法或寫作要點，對於高中生來說，內容往往過於艱深。時至今日，適合高中生閱讀的學術研究工具書，似乎仍付之闕如。

《學術研究三部曲：小論文及科展完全指南》因此誕生了！

　　所謂完全指南，原因是本書不同於一般研究工具書僅強調寫作的部分，本書的內容涵蓋了「學術倫理」、「研究進行」，和「論文寫作」三個重要面向，分別介紹研究進行前、研究進行中，以及研究完成後，所需要具備的基本概念及重要能力。由於筆者設定的主要讀者群是高中學生，或是初次接觸學術研究的朋友，因此本書的定位是學術研究入門工具書。此外，本書呈現的是所有學術領域共通的概念及事項，而非針對特定學科所撰寫的進階內容。

　　本書從構想到寫作完成，承蒙許多學術先進的鼓勵，特別是國立陽明交通大學教育研究所周倩終身講座教授在百忙之中詳閱了本書初稿，給予諸多寶貴的修正意見，並於公務繁忙之際為本書作推薦序，筆者在此表達最誠摯的感謝。此外，本書引用了許多教育部臺灣學術倫理教育資源中心的案例資料，筆者致上最大的謝意。

　　最後，本書中的任何疏漏、不足，或錯誤之處，還望各位學界先進及同學不吝告知筆者，以使本書未來再版時能夠更加完備。

目 次

第一部　學術倫理篇

1-1 為何需要學術倫理

「學術倫理」（Academic Ethics）是指研究者在從事學術活動、學術研究，及論文寫作時，所必須遵循的原則及道德規範。學術倫理不僅是研究者個人進行研究時的道德根基，也是研究者對於所屬領域的學術社群，甚至是社會大眾所應擔負的學術責任。以學術倫理作為研究的核心基石，學術研究方能朝對人群有益的方向發展，研究成果也才能夠獲得讀者及社會的信任。

和「學術倫理」意義很接近的，還有「研究倫理」（Research Ethics）與「研究誠信」（Research Integrity）。其中，「研究誠信」清楚地指出進行學術研究時最重要的核心價值：誠信。許多的學術倫理概念及守則，都和誠信高度相關。然而，由於學術研究的領域眾多，加上除了誠信之外，尚有其他需要遵循的守則，因此學術倫理雖然核心概念單純，但實務上的複雜程度頗高，值得同學們留心及重視。

　　學術倫理的重要性，由反面思考便可得知。也就是說，如果不遵循學術倫理的原則，會產生何種不良後果？以下是高中生違反學術倫理時，所造成的直接負面影響：

- 留下不良紀錄，並可能遭受實質的處罰
- 傷害個人及學校的名譽
- 失去同學及師長的信任

　　除了上述的直接影響外，可能的間接負面影響尚包括以下：

- 研究資金的浪費，特別是來自公部門的經費補助
- 無謂增加讀者的金錢及時間成本
- 調查學術不當行為需要投入大量的人力及時間
- 人民對於大學或研究機構的信任度降低
- 公眾對於科學研究成果的不信任

　　因此，正確的學術倫理知識，是所有學術研究者在展開研究工作前，必須具備的基本素養。

1-2　負責任的研究行爲

　　負責任的研究行為（Responsible Conduct of Research，簡稱為RCR）乃是由正面表述的方式，闡述研究者進行學術研究時，應該遵循的原則，以及對研究社群與大眾應盡的義務等。本節將由四個不同的面向，針對負責任的研究行為進行原則性的說明。這四個面向包含了研究態度、研究過程、成果發表，及其他事項。讀者若需要進一步了解細節，可參閱後續的章節。

1. 研究態度（Research Attitudes）

　　好的研究態度可以避免大多數的學術不當行為，因此是學術倫理的重要基石。研究者需要具備的研究態度，至少包含以下幾項：

(1) 誠信（Integrity）

　　　　以中文的語意觀之，誠信包含了誠實（honesty）以及可信性（credibility），兩者都是從

事研究者必備的學術素養。前者指的是在研究的所有過程中，都必須秉持不欺騙及不誤導的態度，詳實地記錄研究過程中所採用的方法、蒐集的資料、分析的結果，並將其真實地呈現於研究報告或論文之中。後者則是指研究的內容及結果，甚至是研究者本身，必須具有高度的可信賴度，這是科學知識得以持續累積及發展的重要基礎。

(2) 負責（Accountability）

研究者必須對於研究過程中所採用的研究方法、資料蒐集、分析方法，以及最終結果，和成果發表時是否真實地詮釋研究成果，負起必要的責任。

(3) 尊重（Respect）

研究者在工作及討論時，必須尊重研究團隊其他成員的專業意見，以及維持良好的工作態度。對於研究過程中所接觸的其他人士，也必須保持尊重的態度。

2. 研究過程（Research Processes）

　　研究過程包含了研究設計及規劃、研究方法的擬定、研究的執行，以及結果分析與討論等。以下是在研究過程中，必須遵循的事項：

(1) 研究方法（Research Methods）

　　　　研究者所採用的研究方法，必須兼具科學性及可行性。研究者應使用適當的研究方法，並以具科學性及客觀的態度執行之。

(2) 結果記錄（Data Recording）

　　　　研究者必須具備資料管理的概念，詳實地記錄研究過程中所有的資料及觀察結果，除了為後續的成果發表奠定科學基礎外，也可使其他研究者得以重複或驗證研究的過程及發現。

(3) 研究經費（Research Funding）

　　　　研究者應合理地使用研究經費，避免將經費用於與研究無關的項目。於成果發表或是公開討論的場

合，研究者須適時地揭露研究經費的補助單位。

(4) 受試者保護（Human Research Protection）

研究者在進行有關人體試驗的心理或生理研究時，必須遵循受試者保護的相關原則及規定，謹慎地進行評估實施的方式及對象。

3. 成果發表（Publications）

成果發表指的是當研究完成後，相關的論文投稿發表或是公開討論的過程。以下是必須遵循的事項：

(1) 成果公開（Open to the Public）

當研究成果確認無誤後，應該迅速地公開分享研究成果及重大發現。公開發表前，應注意研究團隊中各成員應享的權利及應盡的義務。

(2) 成果撰寫（Writing）

在撰寫研究內容及結果時，必須以謹慎的態度為之，避免憑空杜撰、過度延伸、納入個人主觀意見，

或是其他可能導致讀者誤判研究成果的因素，以免影響研究成果呈現時的正確性及科學性。

(3) 作者身分（Authorship）

成果發表時，應將對研究有實質且重要貢獻的人員列為作者。作者必須擔負起必要的發表責任。對研究有貢獻但不具作者資格者，應列入誌謝名單中以表示感謝之意。

(4) 揭露利益衝突（Disclosure of Conflict of Interest）

若研究者或其研究內容有與其他人員或機構的經費、人事與其他項目的利益衝突，應在成果發表時主動揭露，以提高研究的可信度。

4. 其他事項（Others）

除了上述和研究者密切相關的重要原則之外，以下的事項亦有助於形塑負責任的研究行為：

(1) 研究環境（Research Environment）

研究機構應提供研究人員合宜的環境、待遇、評估及升遷方式，作為研究者進行研究時的重要後盾。對於初次接觸研究的學生或研究者，應提供充分的學術專業及研究誠信的教育訓練。

(2) 社會責任（Social Responsibility）

當研究者發表研究成果時，需擔負起必要的社會責任。若研究成果有傷害社會或人民的疑慮時，必須謹慎處理並適當地揭露可能造成傷害的事項。

(3) 同儕審查（Peer Review）

在進行同儕審查時，審查者必須秉持著客觀及嚴謹的態度，對所審查的論文就其內容進行實質的評論及建議。

　　以上是負責任研究行為的原則性概念，可能因學科或國家而略有不同。若讀者想進一步了解負責任研究行為的相關內容，可參閱《臺灣研究誠信守則》[1]、《新加坡研究誠信宣言》[2]、《歐洲研究誠信行為準則》[3]，以及日本《科学者の行動規範》[4]等文件。此外，生醫領域的相關原則，可參考《紐倫堡守則》[5]及《貝爾蒙特報告》[6]等。

參考資料

1　台灣聯合大學系統《臺灣研究誠信守則》（2020）。

2　第二屆世界研究誠信大會《新加坡研究誠信宣言》（Singapore Statement on Research Integrity）（2010）。

3　全歐科學院《歐洲研究誠信行為準則：修訂版》（The European Code of Conduct for Research Integrity, revised edition）（2017）。

4　日本学術会議《科学者の行動規範：改訂版》（2013）。

5　《紐倫堡守則》（The Nuremberg Code）（1949）。

6　《貝爾蒙特報告》（The Belmont Report）（1979）。

1-3　三大學術不當行為

違反學術倫理的行為中，以捏造（Fabrication）、竄改（Falsification）與抄襲（Plagiarism）最為嚴重，一般會以英文字母字首「FFP」簡稱之。這三項嚴重不當行為除了會對學術研究的發展產生嚴重的負面衝擊，也會使犯錯者個人及所屬單位的名譽受到很大的傷害。世界上許多國家及研究機構，都參照了美國科學與科技政策辦公室（U.S. Office of Science and Technology Policy）所提出的定義及概念[1]，作為此三大不當行為的判準。以下將分項介紹之。

1. 捏造（Fabrication）

Fabrication is making up data or results, and recording or reporting them.[1]

根據以上的定義，捏造指的是「假造資料或結果，並將其進行記錄或發表」。捏造的同義詞包含偽造、假造、虛構，杜撰，或無中生有等。必須注意的是，實務上捏造的樣態十分眾多，除了研究資料和結果的捏造之外，實驗設備及過程的捏

造、引用文獻的捏造、個人著作及學術經歷的捏造，都屬於廣義的捏造。

　　捏造對於學術研究的負面影響極大，原因是若其他研究者參考引用了被捏造過的資料或結果，作為進一步研究的基礎時，將會影響該研究者的研究進程，以及後續研究的正確性。所謂站在巨人的肩膀上可以看得更遠，但如果巨人的肩膀是不可靠的，則如同金字塔狀的學術成果累積過程，將可能因為捏造而毀於一旦，對學術研究者及科學、科技的發展產生巨大的衝擊！

> **案例：日本理化研究所小保方晴子的幹細胞研究事件[2]**

┌**事件內容**┐

　　2014年於日本理化研究所（RIKEN）擔任研究員的科學家小保方晴子，以第一作者的身分在《自然》（*Nature*）期刊發表了可將體細胞刺激成為多能幹細胞的新製備方法，稱為STAP細胞，比起現有技術更簡單也更有效率。此研究結果引發國際關注，因為此技術若真能實

現，將能把幹細胞研究推向新的里程碑。

　　然而在論文刊登後不久，美國的研究者提出質疑，認為論文中的圖像疑似造假；也有其他實驗室表示，他們曾利用論文中的研究方法嘗試重現此實驗，但都失敗了。同年7月，《自然》期刊正式撤銷兩篇小保方的論文。同年12月，小保方辭去了理化研究所研究員一職。

　　2015年9月，《自然》期刊刊登了兩篇研究，嘗試回答兩個問題：(1)STAP是否是可能做到的；以及(2)實驗中的STAP細胞究竟是如何產生的。經來自四個國家的七個團隊，共同為重現STAP嘗試了133次的實驗，結論是皆無法達成；而由日本理化研究所親自調查發現，實驗裡的STAP細胞，其基因序列與實驗室裡既有的胚胎幹細胞是一樣的（源自山梨大學若山照彥教授實驗室），因此推測STAP細胞很可能是細胞材料發生汙染（contamination）所導致。不過，評論者David Cyranoski認為，就STAP這篇論文看起來，必須要發生好幾次的、獨立的汙染事件，才可能產生；哈佛醫學院的幹細胞專家Georg Daley亦認為，這很難被視為單純的汙染或標籤錯誤。

┌說明┐

　　此事件的影響層面很廣。以個人層面觀之，小保方辭去了研究員的工作，也遭到畢業學校撤銷博士學位；以學術研究層面觀之，該論文讓許多研究團隊耗費了大量時間與心力，以確認該研究結果是否可以作為後續研究的基礎。由此可見，捏造對於學術研究的負面影響極大，是極為不當的學術不倫行為。

2. 竄改（Falsification）

Falsification is manipulating research materials, equipment, or processes, or changing or omitting data or results such that the research is not accurately represented in the research record. [1]

　　根據以上的定義，竄改指的是「不當地操弄研究材料、設備、研究過程，或有意地變更及忽略數據及結果，而導致無法正確地呈現研究結果」。除了操用資料、變更及忽略數據之外，竄改還包含了美化資料、不當修圖等等，目的通常在使研

究內容及成果以不真實的型態呈現，以美化研究成果及取信讀者。

　　竄改所造成的負面影響和捏造類似，除了會使其他研究者引用竄改的資料後，造成後續研究的偏差或失敗，也可能會讓社會大眾誤判研究成果的可應用性。因此，竄改被列為三大不當行為之一。

> 案例：瑞典Karolinska Institute醫學院的氣管手術風暴[3]

┌事件內容┐

　　受瑞典Karolinska Institute醫學院（以下簡稱KI醫學院）聘請的義大利外科醫師Paolo Macchiarini，因以自體幹細胞製作人造氣管與移植手術聞名，光是從2011年至2014年，就有七篇相關論文刊於*Lancet*、*Nature Communication*等重量級期刊。

　　2015年有獨立調查指出，Macchiarini在大鼠實驗結果不實、兩起人體試驗手術未經倫理審查。2016年1月，

瑞典SVT公視製作紀錄片，踢爆Macchiarini對病人進行不必要的試驗手術，誇大手術效果，且導致病人死亡。實際上，在8名接受Macchiarini氣管手術的病人裡，有6名已經死亡，1名接受重症加護。2016年3月，KI醫學院表示對Macchiarini失去信任，不會再與此名訪問學者續約，並會解散此研究團隊。

2017年10月，瑞典的國家科學倫理委員會有關不當研究行為的專家小組決議，6篇Macchiarini的論文應被撤回。這些論文都描述了試驗手術成功，實際上這些病人都死於植入物引起的併發症。報告指出論文裡描述的「比實際情況要好太多」。

「說明」

本事件中的大鼠實驗結果不實，以及誇大手術成效，都屬於竄改的不當行為。研究者必須真實地呈現研究結果，以避免竄改行為所引發的諸多負面效應。

3. 抄襲（Plagiarism）

Plagiarism is the appropriation of another person's ideas, processes, results, or words without giving appropriate credit. [1]

　　根據以上的定義，抄襲指的是「未經同意而盜用他人的想法、研究過程、研究結果，及文字」。抄襲的同義詞包含剽竊、盜用等等。所謂未經同意而盜用，指的是抄襲者在原作者不知情或未同意的情形下，使用原作者的學術成果或研究概念。抄襲除了違反學術倫理之外，也可能受到實質的處罰。例如：若屬大學以上學位論文（包含學士、碩士及博士論文）的抄襲，情節嚴重者將被撤銷學位[4]。在高中階段的抄襲行為，直至目前為止，似乎沒有發生撤銷學位的情形，但同學們必須以最嚴格的標準自我要求，以避免可能面對的處罰及困境。此外，抄襲行為可能會因為侵犯他人的智慧財產權及著作權，而受到法律的處罰[5]。

　　在網路發達的年代，由於搜尋及使用文獻十分容易，抄襲是很常見的不當行為。必須注意的是，除了文字的抄襲之外，

舉凡圖片、影像、聲音、創作概念的不當盜用，都屬於抄襲的範疇。如果要使用或引用他人的研究成果時，必須要遵循相關的學術規範，以避免抄襲行為的發生。例如文獻引用時必須加註引用資料的來源及著作者、網路資料或圖片的使用必須獲得著作者的授權等。

此外，「自我抄襲」（self-plagiarism）指的是作者將過去已經發表的著作中的語句、概念或成果重複使用，但卻不將它們列於參考文獻中，是常被忽略的抄襲樣態。初次接觸學術寫作的人，常會認為既然是自己的論文或作品，為何要特別加註引用文章的來源？又為何會被指控為自我抄襲？自我抄襲之所以被列為不當行為，主要原因有三：第一點是若引用之前論文時沒有註明資料來源，往往會被誤認為是作者新的創見或是新的研究結果，使得該作者的貢獻被重複計算，而從中獲得不當的利益及榮譽。第二點是在論文發表時（例如期刊或是書籍），該出版機構往往會要求作者轉讓版權（copyright transfer）。因此，若未經引述的內容發表在二處以上的期刊或是書籍，可能會侵犯了出版機構的權利。第三點是對於論文的閱聽者來說，重複閱讀同一作者的相同研究內容或是結果，將會消耗許多文獻蒐集及閱讀的時間與心力。

　　要避免抄襲的指控，可以利用各式的論文比對系統來檢測自己的論文，以確認論文是否存在無意的抄襲。大學常見的論文比對系統，包含了Turnitin學術論文原創性比對系統、快刀中文論文原創性比對系統等。高中學校雖然大多未購置專業的論文比對軟體，但同學仍可透過搜尋引擎（例如Google或Google Scholar），進行簡單的比對。由於Google搜尋的字數上限是32個字，如果需要檢測更多字數的句子或段落時，用"Plagiarism Checker"（抄襲檢查器）進行關鍵字的網路搜尋，將可查到許多免費的線上論文比對系統。不過，免費的線上論文比對系統通常會有大量的廣告，以及不確定的資安問題，因此同學使用時務必謹慎小心。除了論文寫作者的自我檢測之外，許多期刊或出版社也常利用論文比對系統，來確認投稿者的論文是否有抄襲的不當行為。

> ## 案例：碩士論文被他人抄襲[6]

┌事件內容┐

　　Sam是今年入學的博士班學生，某天在查詢參考文獻時，赫然發現自己的碩士論文內容，被另一篇碩士論文大

量抄襲，有些部分甚至是整個段落複製貼上。Sam一怒之下，於是到法院對這篇論文的作者White提告。

White不認為自己是抄襲，他說，這些資料是Sam引用國外文獻來的，並不是Sam原創的；另外，自己是引用失誤，在Sam提告之後，也已經將論文撤下來，補註明引用文獻資料，並非抄襲。

法院將兩篇論文送鑑定後，發現White的論文有100多個地方是與Sam的論文實質相似的，確實有抄襲。最後，White就讀碩士學位的學校，決議撤銷他的學位，他的博士生資格也因此喪失了。除此之外，法院判決White要支付Sam臺幣20萬元的賠償金，並且要將判決書刊登在報紙半版一日。

┌說明┐
　　本案例說明了若屬學位論文的抄襲，抄襲者將面臨學位被撤銷、名譽受損，以及可能的民事賠償責任，有志於學術研究的同學們不可不慎！

參考資料

1　美國科學與科技政策辦公室（U.S. Office of Science and Technology Policy）對於三大學術不當行為的定義，可參見美國研究誠信辦公室（Office of Research Integrity，簡稱為ORI）的網站資料。https://ori.hhs.gov/content/chapter-2-research-misconduct-office-science-and-technology-policy

2　教育部臺灣學術倫理教育資源中心（2020年1月27日下載）。案例1-3日本理化研究所小保方晴子的幹細胞研究事件。https://ethics.moe.edu.tw/resource/case/detail/3/

3　教育部臺灣學術倫理教育資源中心（2020年1月27日下載）。案例1-4瑞典Karolinska Institute的氣管手術風暴。https://ethics.moe.edu.tw/resource/case/detail/4/

4　《學位授予法》第7之2條
「各大學對其所授予之學位，如發現論文、創作、展演、書面報告或技術報告有抄襲或舞弊情事，經調查屬實者，應予撤銷，並公告註銷其已發之學位證書；其有違反其他法令者，並應依相關法令處理。」

5　《著作權法》第91條第1項及第2項
「擅自以重製之方法侵害他人之著作財產權者，處三年以

下有期徒刑、拘役，或科或併科新臺幣七十五萬元以下罰金。」

「意圖銷售或出租而擅自以重製之方法侵害他人之著作財產權者，處六月以上五年以下有期徒刑，得併科新臺幣二十萬元以上二百萬元以下罰金。」

6 教育部臺灣學術倫理教育資源中心（2020年1月27日下載）。案例2-2碩士論文被他人抄襲。https://ethics.moe.edu.tw/resource/case/detail/7/

1-4 可疑的研究行為

可疑的研究行為（Questionable Research Practice，簡稱為QRP），指的是該行為的負面影響介於負責任的研究行為（RCR）和三大學術不當行為（FFP）之間。換句話說，可疑的研究行為尚未達到三大學術不當行為的嚴重程度，但也脫離了負責任的研究行為範疇。同學們必須隨時警惕，避免發生可疑的研究行為。以下將介紹常見的可疑研究行為，並以相關案例輔助說明之。

1. 利益衝突（Conflict of Interest）

一般來說，高中學生發生利益衝突的情況十分罕見，但是利益衝突是非常重要的議題，因此在此簡要介紹。當研究者與他人或機構有任何的金錢利益或其他因素，導致研究的客觀性受到影響，或是造成了不正常的研究行為，稱之為利益衝突。利益衝突的最大問題，在於當事人可能因為優先考量其他的利益，而犧牲了研究及論文發表時的正確性及客觀性。因金錢利益所導致的利益衝突，常見的樣態包含了研究者獲得了與研究

相關機構的經費補助或酬金、教育補助金或獎學金、雇用或諮詢，或是擁有與研究內容相關的私人公司的股票等等。非金錢利益的利益衝突，則是指在進行研究時，研究者不恰當地導入了個人觀點、特定知識背景，甚至於宗教或政治信仰等。不論是金錢或是非金錢的利益衝突，都可能造成研究方向及結果產生偏差（bias）。

要避免利益衝突，最簡單且直接的方式就是將相關利益進行揭露（disclosure）。一般來說，當論文投稿至期刊時，期刊編輯通常會要求作者填寫利益衝突的文件，說明是否有利益衝突，若有利益衝突，則需進一步揭露利益衝突的相關事項。筆者建議，利益衝突的揭露必須秉持最嚴格的標準，切勿以自身的看法作為衡量是否揭露的標準。正確的作法是要以讀者甚至是社會大眾的觀點及利益為標準，進行利益衝突的評估與說明。

➤ 案例：財務的利益衝突與內線交易[1]

┌事件內容┐

　　Nathan是國立研究機構裡生技領域的研究人員，默默耕耘了將近二十年，最近，他帶領的研究團隊獲得了突破性的發展，研究成果順利獲得專利，並以高額的權利金轉移給T公司。一夕之間，Nathan躍升為未來新星，一切看似水到渠成，苦盡甘來了。T公司除了邀請Nathan擔任顧問，同時將1000張股票贈送給Nathan。另外，Nathan為表示對自己研發成果的信心，認購了500張股票。不過，根據最近一次T公司發布的臨床試驗數據，成效似乎遠遠不及預期。在這之後，Nathan以個人名義對外公開發表消息，表示研究數據或許看起來不如預期，但實際上是有成效的，研究並沒有失敗，呼籲大家要對這項研究有信心。然而，有人發現，早在T公司發布那份不如預期的臨床試驗數據之前，Nathan已脫手自己持有的T公司股票；加上Nathan後續試圖捍衛這項研究的相關發言，這些行為使Nathan遭致許多批評，並引起金融主管機關對他進行有關內線交易的調查。

┌說明┐

　　Nathan擁有T公司的股票，同時以個人的聲譽對外宣稱該研究具有成效，在學術研究的層面是明顯的利益衝突。較正確的作法為：(1)在對外說明的同時，揭露擁有股票的情況；或(2)如果預期需要為T公司發言背書，則在與T公司開始合作之後就不宜持有該公司的股票。

2. 資料管理不當（Poor Data Management）

　　在學術研究的過程中，蒐集及產出的所有資料，不論研究成功或是失敗，都必須妥善的保存以供查驗。需要保存的資料包含研究構想、田野觀察、計算及推演、實驗數據、討論及訪談內容，以及分析的結果等。進行資料管理時必須依資料的型態及發生時間仔細的保存。當所屬機構或是出版機構要求研究者提出詳細的資料或說明（例如被質疑抄襲或是數據造假時），若研究者的資料管理不夠嚴謹或是有資料不全的情形，無法提出適當且合理的說明時，往往會造成名聲受損、論文被撤回，以及來自於所屬機構的處罰等。

➢ 案例：研究資料的取得與管理[2]

[事件內容]

　　一位醫學生獲得了一份暑期工作，可以在某位教授的指導下，在研究型的大學中進行學術研究。這位學生非常聰明、努力且勤奮地在假期中工作，並期許自己可以在暑假結束前發表一篇論文。這位學生的工作內容是培養癌症細胞株，並測試細胞株對特定抗體所產生的反應；這些細胞株必須先經過三星期的生長，長成後才能接受抗體測試。該學生的任務是在假期結束前，定義出特定抗體的類型；他如期完成了任務，並將研究成果撰寫成一篇短篇論文（short paper）。

　　然而，當指導教授在檢閱原始數據的實驗紀錄時，發現有些數據僅被寫在幾張隨性的筆記紙上，且都沒有清楚記錄這些數據是出自哪次實驗的結果。她也發現在學生提供的短篇論文中，某些相同的數據會一直重複出現在表格中，但內文卻沒有解釋重複的原因。

┌說明┐

　　所有研究過程中的資料與數據，都必須妥善的紀錄與保存。論文中的數據如果可能造成讀者的疑慮，則需要詳細地說明原因。

3. 再現性不佳（Poor Reproducibility）

　　「再現性」指的是使用相同的材料、方法，及步驟進行的研究或實驗，會得到相同或是十分接近的結果或數據。再現性是科學發展的重要價值，原因是良好的再現性反映出研究結果符合科學研究的標準，因而可以作為未來研究的基礎。若是因為研究或實驗的步驟或方法有瑕疵，或是量測或觀察不夠精準，所導致的再現性不佳，就會被視為可疑行為。然而：再現性不佳的原因很多，很難以簡單的方式進行原因判斷。例如：再現性的優劣和研究領域的關聯性很大，生醫領域的研究再現性，通常會低於數學領域的研究再現性。在實際案例中，很多研究者因為無法有效地回應其他研究者對於研究再現性不佳的質疑，因而產生爭議或是論文被撤回（retraction）的結果。因此，研究者必須謹慎面對研究再現性的議題。

➤ 案例：無法重現研究成果[3]

┌事件內容┐

　　某十二人的研究團隊，在著名期刊《自然》（*Nature*）發表了一篇有關抗老化蛋白質的研究，發表之後有讀者對研究方法及再現性提出了質疑。該團隊中的十一人再次確認研究方法及再現性之後，發表了論文撤回的聲明。聲明中除了承認研究方法確有不當外，針對研究再現性的質疑也提出了說明：「雖然我們無法重現論文中的研究結果，雖然這不表示結論是錯的，然而我們也無法有信心說這些結論是對的。隨著時間流逝，我們仍然無法重現本論文的解文，因此我們覺得有義務將這篇論文撤回。」

┌說明┐

　　研究結果無法重現，除了傷害發表者的聲譽之外，也將造成該研究內容是否可信，以及可否作為後續研究基礎的疑慮。

4.重複發表或一稿多投（Duplicate Publication or Multiple Submissions）

「重複發表」指的是相同的論文重複發表於兩個以上的期刊或是學術出版品。重複發表的主要問題有二：第一是與出版機構相關的問題，論文投稿後的審查，出版社需要投入許多資源及人力，論文被刊登後，作者尚須簽屬版權轉讓同意書（copyright transfer agreement）交與出版機構，因此重複發表或出版將侵害出版機構的權利。第二則是重複發表的論文，通常不會互相引述，因此將衍生自我抄襲的問題。

「一稿多投」是指投稿至某期刊的論文，在尚未獲得正式接受或是退稿之前，作者又將其投稿至另一個期刊。少數研究者為了論文發表的急迫性，會將同一論文同時投稿至多處以爭取發表時效。一稿多投的爭議之處與重複發表類似，會產生不當消耗出版機構的人力及資源的問題。

「重複發表」和「一稿多投」的樣態非常類似，其差異性在於前者發生於出版階段，而後者則是發生於投稿及審查階段。不論何者，都是學術初入門者常忽略的可疑行為。

5. 研究經費的不當申請及使用

　　一般來說，高中同學罕有獨立申請研究經費的管道，但有可能使用研究經費項下的實驗器材、耗材，以及領取研究津貼。本節將簡要說明研究經費的申請與使用。我國學者的研究經費常見的來源，包含科技部、教育部、其他政府單位，或是私人機構等。有關經費的不當行為可能發生在經費的申請階段，或是在經費使用的期間。在申請計畫及經費時，常見的不當行為是重複申請補助、申請書內容涉及FFP或其他學術倫理爭議，或是過度膨脹申請經費等。而在計畫通過之後的研究經費使用階段，常見的不當行為，包含了經費用於非研究相關的項目，以及中飽私囊等。

> **案例：不當使用研究經費的樣態**

┌**事件內容**┐

　　根據監察院2014年的新聞稿[4]，監委抽查科技部補助的研究計畫，發現「計畫主持人於報銷經費時，有未檢附高鐵車票票根、溢支助理酬金或差旅費、報支項目非補助範圍或與廠商營業項目不符、重複列支費用、發票註記之購

置品名與實際不符、報支日期在計畫執行期限外、購置物品與計畫無關等情事。」

┌說明┐

　　不當的研究經費使用，除了對計畫主持人及研究團隊的聲譽造成傷害之外，更可能引發民眾對於國家科研發展的負面觀點。因此，任何研究經費的使用都必須秉持誠實的概念，並且以高標準自我要求。

6. 不當的人體試驗或人類行為科學研究

　　當進行有關人體試驗或人類行為科學研究時，研究者有義務保障受試者免於受到研究的傷害，即使研究可以帶給人們很大的福祉，也不能免除對於研究者對於傷害受試者所應擔負的責任。在歷史的發展上，人體試驗研究的倫理相較於人類行為科學研究的倫理，更早受到人們的重視。有關人體試驗的指引方針，1979年的《貝爾蒙報告》建議了保護受試者的三大原則[5]：

　　‧尊重原則（Respect for persons）：尊重每個人的自

主權利，在自由意識下決定是否參與研究

- 善行原則（Beneficence）：執行研究需「做對」或至少「無傷害」
- 正義原則（Justice）：研究風險不可不均衡的施於弱勢人士，且研究利益不能為特權占有

此外，受試者的「知情同意」（informed consent）也是當代人體研究必須遵循的重要原則。所謂知情同意，其實施的重要步驟包含：

- 告知受試者試驗的內容及風險
- 確認受試者能夠充分理解所告知的內容及意義
- 確認受試者在自主意識下，同意參與試驗

現在很多的大學或研究機構都會成立「研究倫理委員會」或是「研究倫理中心」，負責推動及審查有關人體試驗或人類行為科學的研究計畫，計畫通過審後，方可執行。高中學校雖然目前沒有校內單位進行相關審查，但同學們的研究主題如果與「人」相關，仍須注意本節所敘述的要點，以避免造成受試者的身體或心理傷害。

> **案例：耶魯大學的權威服從實驗[6]**

┌事件內容┐

　　第二次世界大戰之後，許多虐殺猶太人的納粹支持者在紐倫堡大審中以「服從命令」為由替自己辯護。因此，這激起耶魯大學的心理學家Stanley Milgram教授的好奇心，並在1960年代開始探討人在面對權威時的服從行為。

　　首先，Milgram教授和他的研究團隊以「記憶力研究」為命題去招募受試者。在實驗過程中，受試者被告知要扮演「老師」的角色；他們的任務是隔著牆壁，給隔壁房間的一名「學生」進行記憶力測驗。受試者被告知，只要「學生」說錯了答案，他們就可以按下身旁一台機器的按鈕，隔壁的「學生」就會遭到電擊懲罰。最初的電擊為低伏特，每次作答錯誤，電壓將逐漸提升。在實驗過程中，受試者每次按下按鈕，都會聽到「學生」在隔壁房間哀號並請求停止測試的求救。在此同時，一名穿著實驗室工作服的人員會在受試者身旁指導；當受試者因為給予電擊而擔心隔壁「學生」的安危或想停止測驗時，這位象徵權威的工作人員便會慫恿他們繼續進行實驗。

　　然而，受試者不知道的是，這個測驗中的「學生」、「工作人員」和「電擊」都是假的，一切都是Milgram教授和他的研究團隊精心布置出來的實驗場景。這個研究的結果發現，多數受試者都會服從權威，並給予「學生」高伏特的電擊；這代表納粹支持者的惡行可能是面對權威時的一種服從反應。

　　雖然Milgram教授的實驗對社會心理學的研究帶來實質的貢獻，卻也引起社會大眾對實驗倫理的討論。後續的追蹤發現，這個實驗使許多受試者產生心理創傷。有些受試者向醫師表示，因為自認為用了高電壓傷害他人，又不知道對方現在活得好不好，因此內心產生了巨大的情緒壓力；有些人更表示出現睡眠障礙的問題，嚴重者甚至表現出自殺的傾向。

┌說明┐

　　在沒有人體試驗委員會（IRB）為人體試驗把關的年代，曾經發生過許多人體試驗的重大爭議事件，除了本案例有關服從權力的「米爾格倫實驗」（Milgram

Experiment）外，還有史丹佛大學的「監獄生活模擬實驗」等，都值得研究者從中思考保護受試者的重要性。

　　讀者若想閱讀更多學術倫理的案例，可參閱教育部臺灣學術倫理教育資源中心網站[7]。

參考資料

1　教育部臺灣學術倫理教育資源中心（2020年1月27日下載）。案例10-1財務的利益衝突與內線交易。https://ethics.moe.edu.tw/resource/case/detail/39/

2　教育部臺灣學術倫理教育資源中心（2020年1月27日下載）。案例6-4研究資料的取得與管理。https://ethics.moe.edu.tw/resource/case/detail/27/

3　Lin et al., Retraction: Functional dissection of lysine deacetylases reveals that HDAC1 and p300 regulate AMPK, Nature 482, 251-255(2012).

4　監察院2014年6月12日新聞稿（2020年1月27日下載）。https://pse.is/3buplk

5　《貝爾蒙報告》（Belmont Report）（1979）。

6　教育部臺灣學術倫理教育資源中心（2020年1月27日下載）。案例4-2耶魯大學的權威服從實驗。https://ethics.moe.edu.tw/resource/case/detail/16/

7　教育部臺灣學術倫理教育資源中心網站。https://ethics.moe.edu.tw

1-5　作者身分

　　作者身分（Authorship）談的是具備何種條件才能成為論文作者的議題。要成為論文的作者，必要的條件包含充分了解研究的內容、對研究有實質的貢獻，以及參與論文的撰寫等。以下將就作者身分的確認、作者排序、不當作者的樣態，以及各領域作者數的差異性，逐一進行介紹。

1. 作者身分的確認

　　有關作者身分的確認，國際上常引用由「國際醫學期刊編輯委員會」（International Committee of Medical Journal Editors，簡稱為ICMJE）所出版的《學術醫學論文之執行、報告、編輯及發表的建議規範》，當中提出了論文作者必須同時滿足的四項條件[1]：

- 對論文的概念或規劃設計，或對研究資料的取得、分析、或轉譯，具有實質貢獻
- 草擬論文初稿，或對論文提供重要的知識性內容以進行關鍵性的修改
- 發表前的最終認可

- 同意對論文的所有部分負責，以確保論文任何部分的正確性及完整性已經被適當地查驗及解決

ICMJE的作者守則雖然主要的適用對象是生醫相關論文的作者，但其他研究領域也常引用此守則作為圭臬。針對作者身分的確認，科技部也制定了《科技部對研究人員學術倫理規範》[2]，其中指出論文作者的基本要求是：「共同作者應為對論文有相當程度的實質學術貢獻（如構思設計、數據蒐集及處理、數據分析及解釋、論文撰寫）始得列名。基於榮辱與共的原則，共同作者在合理範圍內應對論文內容負責，共同作者一旦在論文中列名，即須對其所貢獻之部分負責。」為了釐清各個作者對於論文的負責範圍，有些期刊或出版社會要求提供各個作者所負責的研究範圍，以便更清楚地確認作者身分。

2. 作者排序

論文作者的排序，通常是依照對於研究的貢獻度高低進行排序，排名愈前面的作者表示其貢獻度愈大。排名第一順位的作者被稱為第一作者（first author），對於論文的貢獻度最大。因此，如果論文受到同儕肯定，則第一作者也將得到最大的榮譽及讚揚；相反地，如果論文出現瑕疵或是學術不倫的事

項，第一作者也將擔負最大的責任。如果作者群對於論文的貢獻不分軒輊，通常可加註作者們對論文的貢獻度相等（all authors equally contributed to the paper），以使讀者能夠清楚地了解每位作者的貢獻程度。

除了第一作者之外，通訊作者（corresponding author）在作者群中也擔負著重要任務及責任。通訊作者的名稱由來，顧名思義就是在投稿過程中，研究團隊對外聯繫的主要窗口，負責和所投稿的期刊編輯進行聯絡、答辯，以及必要的資料提供等。通訊作者通常是研究的主導者，一般來說，會是該研究團隊中的資深人員或是指導教授。由於第一作者和通訊作者的認定資格不同，因此第一作者和通訊作者可能是同一位作者，也可能是不同的作者。

必須注意的是，以上所述是大多數研究領域的作者排序概念，在部分研究領域可能會有不同的排序慣例，初次進行研究者可透過文獻閱讀及詢問同儕或資深研究者，了解所屬研究領域的排序慣例。此外，作者的排序有時引起研究團隊成員間的爭執與不快，在研究初期就商議並決定作者的排序，將會是比較妥善的作法。

最後，筆者發現很多同學的團體報告及作品，作者的排序通常會依據學號、姓氏筆畫，或是年級進行排序，雖然有脈絡可循，但終究不是學術圈慣用的作者排序方式。筆者建議，若該報告或作品具有學術研究的特性，仍應採用前述的作者排序方式為當。

3. 不當作者的樣態

不當作者的樣態很多，其原因大多是對研究及論文寫作貢獻度不足，或甚至沒有貢獻度。茲將不當作者的樣態條列如下[2,3]：

・受贈作者（Gift Author）

將已完成的論文，納入對論文沒有實質貢獻的人成為作者，則被納入者就被稱為受贈作者。常見的因素是為了做人情，或是從中攫取不當的名譽或利益等。

・名譽／聲望作者（Honorary/Prestige Author）

對論文沒有實質貢獻的人，但卻因具有卓越的學術聲望，或是重要的學術位置，而被納入作者名單中。納入名譽作者或聲望作者。動機通常是希望藉由名譽／聲望作者的卓越學術名聲，快速或容易地通過論文審查，提升論文被刊登的機

會，以及增加論文發表後的能見度。

・幽靈作者（Ghost Author）

當有實質貢獻的研究者，卻沒有被列入論文作者名單中，則該研究者就成了幽靈作者。一般來說，研究團隊中較資淺的研究者或學生，較有可能因為不當的理由或是其他研究者的私利，而被屏除在作者名單之外。

・相互掛名（Mutual Support Authorship）

有些研究者會與其他研究者相互掛名發表論文。所謂相互掛名，指的是這些研究者並無參與對方的研究，也沒有實質的貢獻，但在論文發表時互相將對方列為作者。相互掛名的目的通常是為了增加論文發表數量、提升個人聲譽，或是攫取不當利益。

・其他

其他不該成為作者的情形，包含對研究沒有實質貢獻、未參與論文寫作、論文的編修及校對者、研究經費提供者，以及行政事務管理者等。

4. 各領域的論文作者數

　　一般而言，論文作者的人數多寡，會影響讀者對於該論文作者的個別貢獻度的評估。換句話說，當一篇論文的作者人數愈多，合理的推測就是每個作者的貢獻度將會隨之下降。在2015年有一篇發表於物理領域頂級期刊《物理評論快報》（*Physical Review Letters*）的論文，作者人數高達5154人，讓許多人開始關心論文作者人數的議題。要判斷單一論文作者人數的合理性並不容易，原因在於作者人數的多寡可能和研究的主題、所需要的資源及協助、是否為跨領域研究或是跨國研究，甚至與該領域作者身分的認定慣例有關。因此，以每個領域的論文作者平均數來作為合理與否的判斷基準，可能是一個較為客觀的方法。根據科技部政策研究與資訊中心的資料[4]，自2001年到2015年間，各領域的論文作者人數平均值，大致上呈現了逐年緩步增加的趨勢。以2015年的資料觀之，平均作者人數最多的五個學科依次是物理、太空科學、分子生物學與遺傳學、免疫學以及涉及多學科的研究；而平均作者人數最少的學科依次是數學、經濟學與商業、社會科學、電腦科學及工程學。以上資料可作為判斷各領域作者人數之參考。

參考資料

1 國際醫學期刊編輯委員會《學術醫學論文之執行、報告、編輯及發表的建議規範》，"Recommendations for the Conduct, Reporting, Editing and Publication of Scholarly Work in Medical Journals" by ICMJE (2019). http://www.icmje.org/icmje-recommendations.pdf

2 科技部《科技部對研究人員學術倫理規範》（2017）。

3 周倩、潘璿安（2019）。作者定義及排序原則〔教學文宣〕。教育部臺灣學術倫理教育資源中心。https://ethics.moe.edu.tw/files/resource/knowledge/knowledge_01.pdf

4 科技部政策研究與資訊中心（STPI）網站。https://portal.stpi.narl.org.tw/index/article/10312

第二部　研究進行篇

2-1 基本能力與素養

　　同學們是否具備研究時所需要的基本能力及素養，往往是決定研究成敗的潛在因素。這些能力與素養，通常需要長時間的培養，不易速成。儘早開始接觸及培養，對於同學們未來的學術生涯將大有幫助。

1. 培養閱讀習慣

　　培養良好的閱讀習慣，有系統地閱讀各類知識，可以厚植學術及研究能力。獲取知識的管道很多，書籍、期刊雜誌、網路都是常見的知識來源。在累積知識的過程中，注意「廣度」和「深度」的平衡是很重要的，知識的廣度來自於廣泛閱讀各領域的知識，而深度來自於對特定領域知識的大量閱讀。培養良好的閱讀習慣並不容易，但一旦成為習慣之後，將對學術研究極有幫助。

2. 增進觀察能力

　　觀察能力是從事研究工作者需要具備的重要素養，原因是觀察能力有助於發現問題、分析問題，以及發現重要研究成果

等。培養良好的觀察能力，有許多的方法，例如：從日常生活中觀察各類自然及人文現象，探尋單一學科知識形成的脈絡，以及觀察跨領域知識間的關聯性等等。細心和用心是增進觀察能力的兩大不二法門。

3. 批判性思考

　　根據國家教育研究院學術名詞資訊網的定義，批判性思考（Critical Thinking）是一種對敘述、問題等了解後而加以判斷的思考[1]。與批判性思考相關的能力非常多，例如：很快掌握陳述句子的意思、判斷推理過程的謬誤、判斷敘述是否矛盾、判斷結論是否正確、判斷陳述是否含特殊充分條件、判斷應用是否根據特定的原理、判斷可觀察之陳述是否可信、判斷歸納之結論是否能確證、判斷問題是否界定清楚、判斷假設能否釐清，以及判斷定義是否充分等等[1,2]。簡言之，批判性思考是一種對問題、術語、論證、定律、原理、假說，和陳述等的判斷能力，是從事科學研究的研究者，應具備的重要能力。

4. 提升知識認知層次

　　根據美國著名的教育心理學家布魯姆（Benjamin Bloom）於1956年所提出的布魯姆分類法（Bloom

taxonomy）[3]，知識在認知領域（cognitive domain）可分為六個層次，經Anderson和Krathwohl略為修改後[4]，由下而上依次為「記憶」、「理解」、「應用」、「分析」、「評估」、「創造」，如圖一所示。

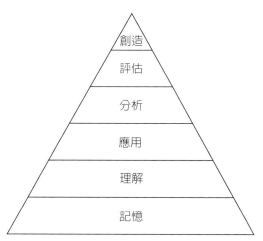

圖一　布魯姆分類法在認知領域的六個層次

　　布魯姆分類法所提出的六個認知層次，對當代的教育學、心理學，以及知識的學習，都有很深遠的影響。在知識的學習過程中，同學可以反覆檢驗及思考，在培養學習態度及評估學習成效時，是否有往上方層次發展的可能性？還是始終停留在最下方的層次？努力提升知識認知層次，對於學習以及研究，都是非常有幫助的。

參考資料

[1]　國家教育研究院：雙語詞彙、學術名詞暨辭書資訊網。

[2]　Ennis, R. H., Critical Thinking (1995).

[3]　Bloom, B. S., Engelhart, M. D., Furst, E. J. Hill, W. H., Krathwohl, D. R., *Taxonomy of educational objectives: The classification of educational goals*. Handbook I: Cognitive domain. New York: David McKay Company (1956).

[4]　Anderson, Lorin W., Krathwohl, D. R. (ed.), *A taxonomy for learning, teaching, and assessing: A revision of Bloom's taxonomy of educational objectives*. New York: Longman (2001).

2-2 決定研究主題

決定適當的研究主題,對於初入研究之門的同學們來說,不是一件簡單的事。以下將就研究主題的來源、合適的研究主題,以及研究主題的歸類,分別進行介紹。

1. 研究主題的來源

研究主題的選擇,有時會是單一來源,有時是多種來源綜合評估後的結果。以下是幾種常見的研究主題來源:

(1) 校內教師

學生所屬學校的教師,由於對於學生的能力、背景與意願較為熟悉,因此可以提供較適合且符合該求學階段能力的研究主題。此外,在研究進行時,校內教師也可以即時地提供協助及諮詢。因此,校內教師是許多學生研究主題的重要來源。

(2) 專業研究者

部分同學由於求知欲望十分強烈，除了校內教師之外，他們會向外尋求更多的研究協助，因此能夠提供進階研究主題的專業研究者，便成為同學諮詢時的重要對象。專業研究者指的是其工作內容與學術研究相關，舉凡大學教師、產業界的研發機構人員、政府部門的研究人員，都可算是專業研究者。必須注意的是，專業研究者對學生能力的了解程度，將會影響所給予研究主題的妥適性。

(3) 同儕或學長姐

學長姐曾經做過的研究主題，或是和同儕討論之後的結果，也是同學們研究主題常見的來源之一。藉由年齡相近的同儕討論，很容易形成研究團隊，並找到共同感興趣的研究主題。

(4) 自身的觀察或興趣

在資訊充足及網路便利的年代，大大降低了自行尋覓研究主題的難度。同學們可以根據個人的興趣，

或是來自於生活或學習中觀察及發現，自行選擇研究主題。如果是第一次進行研究，筆者建議，應該還是向教師或是有經驗的同儕，請教研究主題的可行性與妥適性。

2. 合適的研究主題

合適的研究主題，指的是研究者是否具有完成研究，或是產出好的研究成果的條件，這些條件包含了：

(1) 研究資源

研究資源的面向很多，大致可以分為人力、物力及財力三大項目。人力資源包含主要指導者、可提供研究諮詢的專家，以及共同合作研究的夥伴等；物力指的是研究設備、電腦，以及實驗耗材等；財力指的是在研究過程中的財務支出。有經驗的研究者，在研究進行之前會仔細思考研究資源是否充足，以及如何補強不足的資源。

(2) 研究設備

研究設備在研究中是門檻較高的一個環節。研究設備的需求會因研究主題的不同，而有非常大的差異性。一般來說，理工農醫領域對於研究設備的需求較大，設備精良與否的標準也較高；人社法商領域對於設備的要求通常較少。因此，是否能夠取得研究設備，以及相關的使用權，是同學們研究開始之前必須要仔細評估的。

(3) 個人興趣及能力

研究者個人對於研究主題是否有興趣，常常會影響研究者投入的時間與精力，是決定研究品質的重要關鍵。此外，研究者個人的能力是否足以勝任研究內容及過程，也必須仔細考量。

3. 研究主題的歸類

研究主題有許多種歸類方式，例如以領域分類（理、工、農、醫、人、社、法、商等）、或以研究方法分類（實驗、模擬、數學分析、田野訪查等）。本文所介紹的分類法，

是依據研究成果的應用範疇，分成基礎研究、應用研究，及發明性研究等三大類。以下分別介紹之：

(1) 基礎研究

基礎研究指的是研究的內容及預期的結果，通常不會產生立即性的實務應用。基礎研究的成果，通常會傾向對該主題所屬的學科或領域，提供若干重要的研究基礎，以利後續的延伸或應用研究。一般來說，自然科學及人文科學領域的研究比較偏向於基礎研究的範疇。

(2) 應用研究

應用研究指的是研究的內容及方向，具有較強烈的應用特性，通常在研究完成之後，可以快速地應用在所屬領域的實務層面。工程領域及生醫臨床的研究，通常較傾向於應用研究的範疇。

(3) 發明性研究

　　在基礎研究及應用研究之外，筆者定義了第三種研究的特性：發明性研究。所謂發明性研究，指的是該研究提供了創新性的產品或是製造方法，並且具有申請專利的潛力。在很多的發明展中，往往可以見到許多此類研究結果的呈現。

2-3　文獻的蒐集與分析

　　文獻蒐集的目的，是為了解該研究主題以往的研究成果，並從中找出可以繼續研究的方向。此外，整理及分析眾多的文獻的能力，是學術研究中相當重要的一環。以下是進行文獻蒐集及分析時，所需要注意的技巧及方式。

1. 網路搜尋工具：Google Scholar為例

　　在網路十分普及的年代，使用各式網路搜尋工具進行文獻蒐集是最有效率的方式。入門級的網路搜尋工具，包含Google、維基百科等，透過關鍵字的搜尋，通常會得到非常多的結果，有的高度相關，有的關聯性非常低。比較麻煩的是，對於不熟悉該關鍵字所屬領域的研究者來說，要從這麼多的搜尋結果中，選擇出具代表性的重要文獻，是相當困難的工作。因此，進階的網路搜尋工具是文獻蒐集時的利器。其中，筆者最推薦Google Scholar，原因是相較於其他的搜尋工具，Google Scholar是免費的，且使用介面與Google完全相同，非常容易上手。Google Scholar所搜尋到的文獻，都是經過正式審查的期刊論文、技術報告、碩博士論文，或

是書籍，對於寫作要求較為嚴謹的學術論文來說，Google Scholar的搜尋結果提供了較佳的文獻正確性及可信賴性。

除了學術性及可信賴性外，Google Scholar在搜尋出的文獻下方，會提供該文獻迄今的被引用次數，被引用次數的高低通常與該論文的重要性呈現正相關（但並非百分之百都是如此！）。而彼此具有引述關係的文獻，可以透過超連結進行迅速的查閱，十分方便。不過要注意的是，要閱讀或是下載Google Scholar所搜尋到的文獻時，通常必須擁有該文獻所屬資料庫的帳號及密碼，或是透過大學及研究機構的圖書館進行下載。在Google Scholar中不需資料庫帳密而可以直接下載的文獻，相對來講比較少。

此外，用網路搜尋資料時，有效率且精準地找到想要的資料是很重要的。研究者通常會利用「關鍵字」進行查詢，常用的關鍵字包含了研究主題、作者姓名、期刊或會議名稱，以及出版年代等。以Google搜尋為例，以設定條件的方式進行關鍵字搜尋，將可以更有效率地找到所需要的文獻。常用的條件設定請參見表一。

表一　Google搜尋時的條件設定

設定條件	說明	例子
雙引號" "	不拆字精準搜尋	"南亞大海嘯"
空白加減號（A-B）	含A不含B	南亞-大海嘯
空白（A B）	含A且含B	南亞大海嘯

2. 文獻蒐集的場域

　　以網路搜尋文獻雖然非常便利且有效率，但是有些文獻必須到實體場域才能進行查閱與蒐集，例如書籍、早期的期刊論文，以及未開放網路下載的碩博士論文等。這些實體場域包含了：

(1) 大學圖書館

　　　　學術性的文獻資料通常需要到大學或研究機構的圖書館才能獲得。市立圖書館及私人圖書館的學術性文獻，相對於大學圖書館少的許多。在大學圖書館蒐集資料時，必須注意該圖書館對於校外人士身分及年齡的限制，以及查閱文獻資料時的相關規定。具規模的大學圖書館中，通常會有以下的文獻資源：

① 學術性書籍

② 紙本期刊及學術會議資料

③ 百科全書及工具書

④ 該校的碩博士論文

⑤ 多媒體資料

⑥ 電子資料庫：以上項目若有電子／網路版本，則可透過該圖書館的電腦進行查詢。

(2) 國家圖書館

國家圖書館擁有最完整的全國各校碩博士論文的典藏，以及書籍、期刊，與善本典籍等。

(3) 非圖書館場域

例如美術館、博物館、社教館等，可提供特定研究領域的重要資料及文獻。

3. 文獻分析的重點

(1) 了解文獻回顧的目的

在擬定研究題目後，文獻回顧是第一件要做的

事。從文獻回顧的過程中，同學們可以了解該研究主題目前的研究成果、進度、困難度，以及待克服的問題等，據以擬定自身的研究方向，才不致發生自己的研究和前人的研究十分雷同，因而導致研究創新程度不足的問題。

(2) 文獻分析的方式

同學們在文獻分析時常見的缺點，就是只做到將前人文獻中的句子原封不動地引述，但缺乏了自己的評論與文獻間的比較。這樣的寫法，只能證明「看過」文獻，但無法提供深入的、有效的，以及具建設性的資訊。因此，正確的作法，應該是將不同文獻的研究方法及成果進行比較之後，納入自己的評論及觀點，如此才是有價值的文獻分析，之後方能撰寫出對該研究領域有影響力的文獻回顧。此外，當既有文獻的研究不夠完整或有改進之處時，適當的評論將可以強化自身研究的必要性，讓讀者了解此研究的重要性。

(3) 文獻蒐集的盲點

　　在文獻蒐集的過程中，常見的盲點就是文獻中的文獻該如何處理。例如在閱讀A文獻的過程中，發現了A文獻所引用的B文獻非常重要，是否可以直接將A文獻中所提到的B文獻相關敘述直接引用呢？若B文獻是可得到的文獻，則正確的作法應該是直接閱讀B文獻，而非透過A文獻來了解B文獻。原因是在A文獻中所敘述的B文獻的研究成果，並不見得和作者所需要的內容相關，且引述的過程中也可能發生錯誤解讀或是資料誤植的情況。

2-4　研究的設計與進行

　　研究的設計與進行，常會因研究主題的不同而有所差異。本節將就普遍性的事項進行介紹，包含了研究流程圖、研究的設計，與研究的進行時的相關重點。

1. 研究流程圖

　　研究流程圖可以提供清楚的研究規劃、進行方式、研究時程等資訊。研究流程圖的繪製，會因研究主題的不同而有差異性。在高中階段，普遍性的研究流程圖規劃，同學們可以參照「中小學科展說明書架構」[1]或是「小論文架構」[2]，據以規劃研究內容及執行重點。此外，研究流程圖中的各個項目，建議可以加入預定完成的時間，以便掌握研究進度。

2. 研究的設計

　　研究的設計不僅擘劃了研究的方向，也影響了研究內容及學術影響力。研究的設計，通常需要考慮以下事項：

(1) 科學基礎

　　研究過程中所使用的理論、方法、步驟，及分析方法，是否具有足夠的科學基礎，是一篇論文成敗的重要因素。所謂科學基礎，指的是研究中所有的過程，都必須有科學性的理論或證據支持，而非揣測或是憑空杜撰。在足夠的科學基礎之上，才能進行有意義的研究設計。

(2) 創新性及可行性

　　創新是所有研究中的重要元素。具有創新性的研究設計，配合嚴謹的研究執行，才可能產出優良的研究成果。然而，也不必為了創新而天馬行空，規劃出可行性極低的研究方向。因此，兼顧創新性及可行性，是考慮研究設計時的重要功課。

(3) 資源配合度

　　研究規劃尚須考慮相關的人力及物力，是否能夠配合研究的進程。包含相關人力投入的時間及熱忱、設備的使用等，都必須在規劃研究時仔細評估。

3. 研究的進行

　　根據前述的研究設計與規劃，開始執行研究內容，是將理想落實於現實的重要過程。以下是研究進行時常會遇到的問題，以及需要注意的事項：

(1) 隨時確認正確性

　　　　不論是自然科學還是人文科學的研究，科學及邏輯的正確性是重中之重。因此，研究者在執行任一個研究步驟時，都必須隨時確認結果與步驟的正確性，以確保後續的研究不會受到影響。

(2) 保存所有資料

　　　　研究中所產生的所有資料，包含實驗數據、照片、手稿、電腦檔案等，不論品質及正確性為何，都必須全部妥善保存。好的資料固然有助於分析的進行，另一方面，品質不佳的資料也可作為未來檢討改進時的重要依據。因此，完整地保存所有資料是研究者的重要工作。

(3) 適時修正研究設計

再好的研究設計，畢竟是未經驗證的紙上作業。當開始進行研究之後，面臨挫折甚至失敗，乃常見之事。當研究無法順利推動，研究者必須從各種線索中，尋找改進之道，並從中吸取寶貴的經驗。有些研究必須透過反覆的修正研究設計，才能得到預期中的成果。

參考資料

1　國立臺灣科學教育館科展資訊管理系統 https://twsf.ntsec. gov.tw

2　中學生網站 https://www.shs.edu.tw

2-5 研究結果的分析

　　研究結果指的是在研究過程中所得到的成果，例如實驗數據、問卷、現地調查記錄、數值模擬結果、動物試驗結果等。研究結果的處理，通常可分成兩個階段：第一階段是將自己研究的結果，進行分類、綜整、分析之後，用有意義的圖或表呈現結果。第二階段則是將整理分析之後的結果，與前人的研究結果進行比較，從中確認自己的研究是否有重大發現或是任何創新之處。本節將介紹第一階段有關結果分析的執行重點，第二階段的結果比較則留至下一節說明。

　　研究結果經過科學的分析及有系統地分析與整理，方能形成優良的研究產出及貢獻。通常在高中階段，同學會採用既有的分析方法進行研究結果的分析。由於分析方法會因不同研究主題及領域，而有著極大的差異。因此，本節僅就分析時應注意的概念性事項，條列如下以供參考。

1. 分析方法的正確性

由於高中同學通常沒有研究的經驗，因此從具有相同或類似研究主題的文獻中，尋找適合的分析方法，是很常見的技巧。在某些情況下，研究者可能會採用多種不同的分析方法，來分析同一組資料或結果，以進行相互驗證與比較。請注意，錯誤的分析方法會導致錯誤的結論，因此確認分析方法的妥適性是非常重要的。

2. 創新與發現

在研究結果的分析過程中，必須仔細觀察是否有新的發現或是創新。如果研究結果有創新或重大發現，將對於學術社群有很大的貢獻，因此必須強化論述以提高論文的價值。如果沒有具突破性的發現及改良，據實呈現研究結果，並說明為何沒有新的突破、未來可能的改進方式等，也會是對同領域研究者相當重要的資訊。

3.「相關性」與「因果關係」的區別

很多同學會犯本節所述的錯誤，因此筆者將其獨立成一小節進行說明。通常同學在撰寫研究結果時，很自然地會思

考、觀察及比較各項資料的關聯性，並用以作為討論或結論的論述基礎。然而，「相關性」（correlation）和「因果關係」（causation）這兩個觀念經常被混淆或不當使用。「相關性」指的是兩個項目或兩組資料間具有某一程度的關聯性，例如：「愈健康的人，其每週運動時間愈長」指的是健康和運動時間呈現正相關，或「居住在緯度愈高的人，感染登革熱的比例愈低」，指的是居住地的緯度和登革熱感染率呈現負相關。「因果關係」則是指兩事件的發生具有因果性。例如：若A事件是B事件的因，亦即B事件是A事件的果，則將滿足兩個條件：(1)A事件發生於B事件之前，且(2)A事件的發生，將導致B事件發生的機率會隨之提高（或是B事件必然會隨之發生）。

一般來說，要確認「因果關係」會比確認「相關性」要困難許多，原因是「相關性」通常只需要透過兩組資料的統計與比對就可以確認，而「因果關係」的確認則需要由非常嚴謹的科學研究及證據方能確認。例如：健康度和運動時間的因果關係，是(1)愈健康的人愈愛運動（健康是運動的因），(2)愈愛運動的人因而愈健康（運動是健康的因），(3)兩者毫無因果關係，或是(4)兩者互為因果，需要透過非常仔細地研究方能確認。因此，同學們在論述因果關係時必須格外小心。

2-6 研究結果的比較

　　研究結果的相互比較，可呈現出研究方法之間的差異，從中觀察出各種不同研究方式的妥適性、穩定性，甚至是正確性，以作為撰寫結論時的重要依據，並可據以規劃未來的進階研究，是研究者對該研究主題及學術社群的重要貢獻。以下將進行研究結果比較時的注意事項，分別敘述如下。

1. 自我比較和與他人比較

　　比較的對象有兩類，在研究主題相同的條件下，第一類比較的對象，是將自己的研究結果進行自我比較，第二類則是將自己的研究結果與他人的研究結果比較。通常來說，有經驗的研究者會非常重視與他人結果的比較。藉由觀察不同研究團隊的研究結果，分析結果的一致性或歧異性，從中找出自己及他人研究的優缺點，是結果比較時非常重要的工作。

　　此處，筆者試著將常見的比較方式粗分為兩大類，並舉例說明之。第一類是將研究主題相同，但採用不同研究方式的

研究結果，進行比較與分析。例如：將實驗結果與理論預測值進行比較，或是將實際觀測的資料和電腦模擬的結果進行比較等。第二類的比較方式，則是將採用相同的研究方式，但針對不同對象或物質的研究結果，進行分析與比較。例如：將相同的問卷發放給不同國家的人民進行填答，或是以相同的實驗設備及步驟，研究不同材料間的物理特性等。

2. 分析關鍵變因

結果比較的重點之一，在於觀察及分析「關鍵變因」（key factor）對於研究結果的影響。不同的研究會有不同的關鍵變因，例如材料研究中的材料導電性、生醫研究中的藥物作用時間的長短、人社領域問卷調查的受訪者教育程度等。例如：在改變材料導電性時，將改變何種現象及性質。最簡單的情況，是研究中只有一個關鍵變因，此時同學們可以將其他因素保持不變，就可以觀察到此關鍵變因的影響。然而在部分的研究中，關鍵變因不只一組，此時需要採取類似前述單關鍵變因的分析方法，執行更精細的比較分析。

2-7 未來研究展望

如果研究成果有新的發現及創新，則研究者很容易受到鼓舞及肯定，進而點燃繼續深入研究的動力與熱情。因此，由現有的研究成果中，尋找及決定未來研究的方向，是非常重要的事情。以下是規劃未來研究展望時，常見的動機與理由。

1. 現有的研究具有豐富成果

由於現有的研究具有豐富的成果，或是重要的發現。以現有的研究結果為基礎，將可以進行更深入的研究，或是應用至其他領域。

2. 現有的研究尚有不足之處

當研究內容或結果上不盡人意，例如實驗數據不足、某些變因欠缺考量，或是研究方法需要進一步強化，都可以規劃進階的研究，來改良現有研究的缺失或不足。

3. 爭取共同合作

　　某些研究主題，如果透過學者間的共同合作，有可能產生更重要的研究成果。共同合作可以促進的事項包含：研究人力的增加、跨機構資源的投入、研究能力的互補，甚至是跨國性比較研究等。因此，與其他研究者的合作也常是推動未來研究的重要因子。

第三部　論文寫作篇

3-1 論文架構概論

　　學術性的論文寫作，通常具有完整且嚴謹的架構，以便使讀者能夠有系統及有脈絡地進行閱讀。一篇架構不佳的論文，即便作者有再重要的發現或創新，可能因為架構欠佳而導致論文遭到忽視。因此，在論文寫作之初，必須要仔細擬定架構，以利後續的論文寫作。必須注意的是，各個學術領域常見的論文主要架構基本上相同，但細節卻可能有所差異。以下將依序介紹學術寫作中常見的架構及元素。

1. 標題（Title）

　　選擇適切的標題非常重要。好的標題必須能夠清楚地展現研究主題，並能夠吸引相同領域的讀者深入閱讀。而不適當的標題將使他人無法判斷研究內容，進而導致論文被其他讀者忽略。

2. 作者及所屬單位（Authors and Affiliations）

　　一般而言，作者的順位會依作者的貢獻度依序排列，而在作者群中會有一位作者擔任通訊作者的工作，負責投稿及對

外聯絡事宜。所屬單位通常是現職單位，但在論文撰寫或投稿過程中，如有作者更換服務單位或就讀學校，必要時得加註說明之。

3. 摘要（Abstract）

摘要是除了標題之外，另一個可以讓讀者快速了解研究重點的部分。一般來說，摘要必須以數百字的長度，簡要且精確地介紹本篇論文的主要研究方法、重要發現，以及創新之處。有經驗的讀者通常會在閱讀標題和摘要之後，決定是否繼續深入閱讀論文全文。

4. 關鍵字（Keywords）

一篇學術論文通常需要指定至多五個關鍵字。關鍵字的選擇通常和研究主題、研究方法、及重大發現等有關。讀者經常會透過關鍵字的網路搜尋，尋找所需要的文獻。因此，選擇適當的關鍵字，不但可以清楚呈現論文的重要內容，也可以提升論文的能見度。

5. 簡介（Introduction）

簡介是論文全文的第一個部分，通常會依序介紹以下幾個項目：

(1) 研究動機

說明本篇論文的研究動機。例如：問題意識為何？從什麼現象或場域發現想研究的問題？解決這些問題有何重要性？等等。

(2) 文獻回顧

請參見下一節。

(3) 文章架構

介紹本篇論文的架構，以及簡要的說明。例如：第一部分是簡介，主要說明了○○○；第二部分是研究方法，主要內容是XXX；第三部分是結果分析，本研究的結果是YYY；第四部分是結論，本研究重要的貢獻與創新是ZZZ。

6. 文獻回顧（Literature Review）

在某些領域或是所回顧的文獻數量非常龐大時，文獻回顧會自成一個部分，而不會置於簡介之內。文獻回顧的主要目的是提供讀者該研究領域目前的研究進程、重要成果，以及不足之處。寫作者必須確實了解過往文獻中所採用的重要理論及研究結果，並加以比較及擷取重點，以及比較各文獻間的異同等。好的文獻回顧不能只是引用敘述前人的成果，而是必須加入寫作者自己的評論及綜整後的論述。

7. 研究方法（Research Methods）

研究方法是論文中的關鍵部分，必須清楚地說明研究整體設計及規劃、所採用的理論、實驗器材，及研究步驟等，以使讀者能夠了解研究的脈絡。必須注意的是，不同研究領域的研究方法可能會有相當大的差別，例如自然領域的實驗方法、工程領域的數值模擬、人社領域的田野訪查，以及生醫領域的動物或人體試驗等。因此，在撰寫研究方法時，宜先查閱過往文獻中的書寫方式作為參考。

8. 研究結果（Results）

　　此部分會除了需要正確且詳細地敘述自身的研究結果之外，通常必須和前人的研究結果進行比較、分析異同之處，並提出自身研究的創新及改良之處。好的論文通常會具有關鍵性的新發現或創新，其他讀者通常會以此來判斷論文是否具有價值，因此撰寫時務必仔細與謹慎。

9. 結論（Conclusions）

　　結論部分是綜整並敘述研究重要發現的單元。切記勿將研究結果中已經使用過的文句原封不動的移植至此處，正確的作法應該是將研究的重要發現及創新，以精簡且清楚的文句進行撰寫。此外，有的論文會加入對未來相關研究的建議（suggestion），或是簡略敘述未來的研究規劃（future works），這些都是很常見的寫法。

10. 誌謝（Acknowledgement）

　　當協助研究或論文寫作的人，其貢獻度還不足以成為作者時，可以在誌謝處表達適當的感謝之意。需要誌謝的人，通常包括給予論文修正意見的期刊編輯及審查者、研究過程中的外

圍技術或服務提供者、給予口頭建議的同儕、資金贊助者或機構等。

11. 參考資料（References）

論文中所有引述、改寫或摘要的文獻都必須收錄於此處，並依照固定的格式書寫。參考文獻的型態很多，包含期刊論文、技術報告、書籍、網路資料、照片、影像或聲音等。

12. 附錄（Appendix）

當資料的重要性及關鍵性不足以放入正文，或是資料數量過於龐大時，就可考慮放在附錄中。例如大量的數據、實驗或田野訪查的錄影或錄音檔案（可提供網址超連結以方便讀者上網查詢），或是冗長的數學分析過程等。

＊補充資料

在高中階段，同學們最有可能參與的學術研究型態／場域，第一是進階型的科學展覽會（以下簡稱科展），第二則是基礎型的小論文創作。由於科展和小論文的作品都屬於學術研究創作，必須具備的架構和前述內容相去不遠，但必須注意寫作時應依循主辦單位所指定的架構。圖一是全國科展的論文架

構、圖二是109學年度（含）前的小論文架構。自110學年度
起，小論文架構從「封面頁＋四大段落」，變更為「封面頁＋
六大段落」，詳如圖三所示，其餘細節請同學瀏覽中學生網站
（https://www.shs.edu.tw）以獲得最新的資訊。

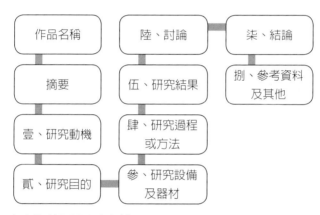

圖一 中小學科展說明書架構
（資料來源：國立臺灣科學教育館科展資訊管理系統 https://twsf.ntsec.gov.tw）

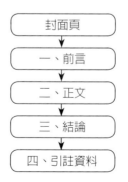

圖二 小論文架構（適用於109學年度（含）之前）
（資料來源：中學生網站 https://www.shs.edu.tw）

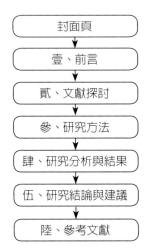

圖三　小論文架構（110學年度起採用）
（資料來源：中學生網站 https://www.shs.edu.tw）

3-2　文獻回顧

　　撰寫文獻回顧時，首先必須將蒐集到的所有文獻，依照研究主題、研究方法，以及研究成果進行分類。寫作時通常會依照分類的結果，依照文獻的發表年份逐一書寫，並在文獻的後方註明作者及發表年代。例如：如果引用的文獻為單人作者時，可表示為「由Liu（2020）的論文可知……」、「根據A理論可以推導出B結果（劉啟民，2020）」；如果為雙人作者時，則可寫為「由劉啟民與陳小明（2020）的研究結果……」、「本研究的實驗結果與前人的結果（Liu and Chen, 2020）十分接近」；如果作者人數超過兩人，則可寫成（Liu et al., 2020）、（劉啟民等人，2020）。除了文獻回顧部分，以上的引用表示方式也適用於正文的任何地方。此外，英文文獻只需引用著者的姓氏（last name），而中文文獻通常需要引用著者的全名。

　　除了引用文獻的呈現格式之外，引述時還需注意「引用」（cite）與「概述」（summarize）的差異。「引用」指

的是將文獻中最重要且不可取代的敘述以一字不改的型態重現，以中文寫作時通常會加入上下引號作為標註，而英文寫作時則會以雙引號作為標記。「概述」指的是將文獻的重點進行整理，略去枝節之處，再重新以摘要式的文句進行書寫。不論是「引用」還是「概述」，都務必在後方加入該文獻的作者與發表年代，以避免抄襲的指控。

3-3　研究方法

　　研究方法是論文中非常重要的部分，必須有條理且仔細地思索寫作方式。然而，不同領域，或同領域之下，不同的研究主題，研究方法都可能會有極大的差異，幾乎不可能將所有研究方法的寫作細節盡收於同一本書中。因此，本節所介紹的內容是普遍性的寫作重點。

1. 問題意識

　　問題意識指的是論文的研究動機，以及研究主題的起源。在文獻回顧的單元中，可以適當地點出問題意識，但詳細的研究動機及脈絡，必須於研究方法的最開始之處，進行仔細地說明，以此引出本研究的價值與重要性。

2. 研究方法

　　研究方法會因領域與主題的不同，而產生極大的差異性。例如理工領域常見的方法包含實驗、數值模擬、理論分析，以及現地考察與實測等；人社領域則有質性研究、量化研

究、問卷研究等；生醫領域則可能有人體或動物試驗等。因此，大量閱讀同領域或同主題的前人論文，是撰寫研究方法前必作的功課。必須注意的是，不論採用何種方法，都必須清楚說明所採用的理論（theory）、假說（hypothesis）、模型（model）等重要的研究基礎與背景。如果研究中有採用創新及改良的方法，則需要將此方法詳細說明之，並闡述此分析方法的優點及可能的缺點。

3. 研究步驟

　　研究自規劃、實施，到結果分析的所有步驟，都需要詳細的說明。以實驗研究為例，必須說明所使用的材料與設備（包含材質、規格甚至是型號）、實驗進行的時間與空間、實驗的次數、量測的方法、實驗紀錄的方式等。若是採用問卷調查法，則必須說明問卷的設計理念、實施的對象及樣本數、作答的方式，以及分析的方法等。

3-4 研究結果

　　研究結果的撰寫，必須在完成結果分析及比較後才可進行，切勿將未經整理過的數據與結果直接以文字敘述。常見的研究結果呈現方式，包含了文字、圖，及表三種型態。「文字」通常用於質性結果的敘述，或是加強說明圖與表所含的內容及意義；而「圖」和「表」則是用來處理多組資料或結果，將其以簡明但精確的方式呈現給讀者。以下是「圖」和「表」撰寫要點，茲分別敘述之。

1. 圖（Figure）

　　「圖」的使用目的，是將複雜且眾多的結果或數據，以簡明的方式呈現給讀者。可以用「圖」來呈現的項目，包含數據、示意圖、實驗或現地照片，或是統計資料等，不同的項目會有不同的呈現重點。圖的編號及說明通常置於圖的下方。編號以圖一、圖二……等進行標示，圖說必須清楚且簡要地表達該圖的主要概念，相關的分析與討論通常會在正文內以文字進行更詳細的說明。根據不同的資料型態，常見的圖大致有以下數種：

(1) 曲線圖

　　如果研究資料是「連續性」的資料，則可以曲線圖
進行呈現。所謂連續性的資料，最常見的就是可以用函
數或近似關係的資料。若數據組數不只一組時，可以用
不同的記號（symbol）、顏色，或是以不同的曲線，例
如實線（solid curve）、虛線（dash curve）、點線
（dot curve）來做區隔與比較。圖四的曲線圖，就是
將$y = \sin x$、$y = \sin\left(x - \dfrac{\pi}{6}\right)$ 和 $y = \sin\left(x + \dfrac{\pi}{6}\right)$ 三組不
同相位的正弦函數，分別以實線、短虛線及長虛線進
行繪製。

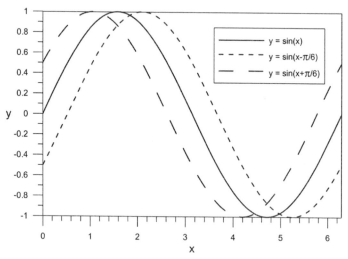

圖四　三種不同相位的正弦函數比較圖

(2) 點狀圖

　　資料的型態如果是多組數據，則可以考慮用點狀圖（散布圖）來呈現。圖五是某班十位同學的數學及英文成績關聯圖，例如右上方的點表示該同學的英文及數學分數分別為100及95分。由此圖可以進一步分析英文與數學分數間的關聯性，有興趣的同學可以參閱統計類的書籍以進一步了解相關係數等統計知識。

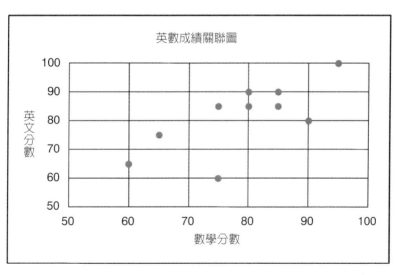

圖五　某班級學生英文及數學成績關聯圖

(3) 長條圖及圓餅圖

如果要呈現的資料屬於統計類的結果，長條圖、圓餅圖及折線圖是三種最常使用的圖形。長條圖、圓餅圖、折線圖各自有其不同意義，切勿選擇錯誤或無意義的呈現方式。以下將以2019年聯合國世界人口展望的預估資料為例[1]，說明統計圖形的選擇方法。圖六呈現了全球人口的比例，依照不同的洲別繪製成圓餅圖。採用圓餅圖時，各項目通常會以百分比呈現，而加總後的結果應為100%。圖七是各大洲人口的數量

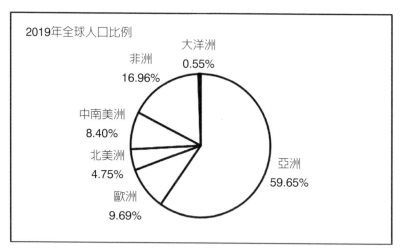

圖六　2019年全球人口比例圖
（資料來源：聯合國2019年世界人口展望[1]）

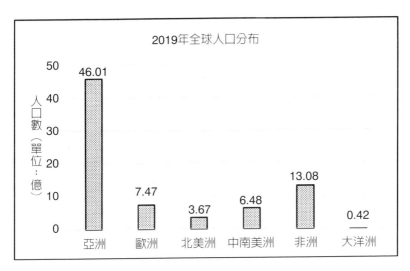

圖七 2019年全球人口分布圖
（資料來源：聯合國2019年世界人口展望[1]）

比較，以長條圖在以數字的型態呈現。注意圖六和圖
七所採用的數據完全相同，但呈現的方式不同。圖六
強調的是人口分布的「比例」，而圖七強調的是人口
的「數量」。因此，同學們繪圖時請思考呈現的重點
為何，依此來選擇呈現的圖形型態。

(4) 折線圖

折線圖與長條圖和圓餅圖最大的不同，就是折線圖只能在數據間有關聯性的時候使用，常用於長期趨勢的觀察或預測。因此，前述的圖七就不能夠使用折線圖來繪圖。圖八是折線圖的一個例子，圖中將2019年現有的各洲總人口數，和2030年、2050年、2100年的預估各洲總人口數，繪製成一趨勢圖，以使讀者能夠清楚的了解各洲總人口數在未來80年間的增長

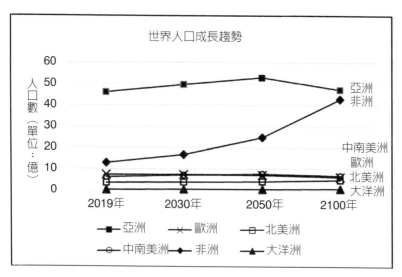

圖八　全球人口成長趨勢預測圖
（資料來源：聯合國2019年世界人口展望[1]）

情形。由於有六組數據（亞洲、歐洲、北美洲、南美洲、非洲及大洋洲）需要呈現，筆者採用了六種不同的標誌（實心或空心的正方形、圓形、三角形、菱形及叉形等）來區分不同的折線。此外，最右方的中文標示，可以使讀者更清楚地了解非常接近的數據（中南美洲與非洲）間的大小關係，一般會依據時間點最晚（2100年）的數據大小由上而下進行排列。

(5) 影像圖

影像圖主要的來源是照片。常見的影像圖包含了實驗設備、過程及結果，以及田野調查時的相關資料等。影像的呈現，必須注意其清晰度，若有需要則可加入比例尺以更精確地呈現空間尺度。如果照片有經過修改，所有修改之處都需要加註說明修改的方式，以及修改的原因。

最後，有關繪圖的軟體，同學們最常用也最易取得的軟體是Excel。Excel應足以處理一般的資料繪製。進階的軟體種類很多，惟絕大多數都需要付費購買後方能使用（例如Grapher及Prism等），同學可以斟酌參考使用。

2. 表（Table）

　　「表」呈現的是詳細的數據，以及數據特性的分析與比較。表的編號及其說明通常置於表的上方。編號以表一、表二等進行標示。相關的分析與討論通常會在正文內以文字進行更詳細的說明。表一是全球人口成長趨勢預測資料[1]，資料來源和前述的圖八完全相同。在圖八中無法仔細呈現的詳細數據，透過表格可以給讀者更精確的資料。因此，圖與表的使用必須仔細斟酌。

表一　全球人口預測（資料來源：聯合國2019年世界人口展望[1]）

（單位：億）	2019年	2030年	2050年	2100年
亞洲	46.01	49.74	52.90	47.19
歐洲	7.47	7.41	7.10	6.30
北美洲	3.67	3.91	4.25	4.91
中南美洲	6.48	7.06	7.62	6.80
非洲	13.08	16.88	24.89	42.80
大洋洲	0.42	0.48	0.57	0.75
總和	77.13	85.48	97.35	108.75

參考資料

1 聯合國2019年世界人口展望 https://population.un.org/wpp/

3-5 結論

結論是論文全文的最終章，通常會將全篇論文中最精要的部分，以及創新或突破性的成果，進行簡要但具影響力的闡述。因此，結論具有畫龍點睛的關鍵地位，也是讀者閱讀時的必看單元，撰寫時必須十分嚴謹，並且兼具科學正確性及邏輯性。然而，結論是全篇論文的最後一個部分，通常走筆至此，同學已經耗費非常多的心力與時間，已經無心力字斟句酌，因此將結論草草撰寫完成者大有人在，實在非常可惜。以下是撰寫結論時，應該注意的事項，以及應該避免的錯誤。

1. 重點式論述

結論闡述的是全篇論文最重要的結果與發現，但不是將所有細節重新再說一次。將研究結果經過統整後，進行重點式的敘述，才是好的結論。在某些情況下，可以用條列式的方式逐條說明之。在大多數的情況下，不宜將前面單元的文句直接搬移至結論處，而是應該以換句話說的方式，以精簡但不失重點的文字說明之。

2. 科學性及邏輯性

結論如同論文的其他部分，論述時必須具備足夠的科學性及邏輯性。由於科學性及邏輯性的寫作需要大量的研究及寫作經驗，且涵蓋的層面很廣，很難以正面的方式一一表述。因此，本節將採用負面表列的方式，將同學們常犯的錯誤條列如下：

(1) 把特例當作通例

在研究尚未達完美時，就擅自推演出結論。例如：實驗中，鐵的體積會隨著溫度增加而變大，就推論至所有物質的體積都會隨著溫度增加而變大（水在攝氏零度至四度的體積變化即是反例）。

(2) 推論不具邏輯性

簡言之，就是將研究的結果，進行了無效的邏輯推演，而得到了毫無意義的結論。例如：研究結果顯示鳥類的翅膀愈大愈有利飛行，就推演出人類若裝上大型的翅膀就能飛得更遠的結論。

(3) 研究結果與結論完全不相關

本點錯誤和第二點錯誤十分相像，差異之處在於第二點錯誤的研究結果與結論之間尚具有某些脈絡，而本點錯誤的研究結果與結論完全不相關，也就是說，研究結果與結論之間毫無推演關係及脈絡。例如：問卷調查的結果顯示女性比男性更具忍耐力，但結論談的是性別對於政黨傾向的效應。

3. 未來研究方向

絕大多數的論文都不會是該研究主題的最終點。在結論中，將研究的重要發現及貢獻敘述清楚，有一個潛在的目的，就是作為其他研究者或是自己，在未來進行進階研究時的重要基礎。因此，部分論文在結論的最末段，作者會簡要敘述自己研究中欠缺的研究部分、未來可以改良的研究項目，或是此問題至今仍舊是開放的問題（open problem，意味著至今尚無定論）等。此外，其他讀者可以透過研讀未來研究方向的擘劃，了解作者未來的研究方向，以及對於研究主題的了解程度，在某些時候，甚至可能創造出和其他研究團隊的合作機會。

3-6　參考資料

　　所有在論文中出現過的文獻及資料，都必須收錄於參考資料，提供清楚的資訊，以方便讀者進一步查詢及利用。參考資料的撰寫，必須注意下列事項。

1. 提供完整的資訊

　　不夠完整的參考文獻資料，除了顯示研究者不夠嚴謹的撰寫態度之外，更會造成讀者無法按圖索驥找到需要的文獻。參考資料中所收錄的文獻，根據文獻的型態不同，需要提供的資訊也會略有不同。以下將就幾種常見的的文獻型態，分別列出所需要提供的資訊：

(1) 期刊論文

　　　　作者姓名、論文標題、發表的期刊名稱、發表的期數及起訖頁數、發表年份。

(2) 研討會論文

作者姓名、論文標題、研討會名稱、發表地點、發表年份。

(3) 書籍

作者姓名、書名、出版社名稱、出版社所在地、發表年份。

(4) 碩博士論文

作者姓名、論文標題、學位名稱、畢業學校、發表年份。

(5) 網路資料

網站名稱、網站超連結、下載年月日等時間資訊。

2. 文獻的排列方式

參考文獻必須有規則的排列，以使讀者能夠快速地找到所需的資料。常見的文獻排列次序大致有兩種方式：

(1) 依照姓氏排列

依照姓氏排列的規則，英文是根據字母順序（A至Z）、中文則是根據姓氏筆畫數（筆畫少至筆畫多），進行文獻的排列。如果參考文獻包含多種語言，一般會依英文文獻、中文文獻、其他語言文獻的順序進行排列。依照姓氏排列的場合很多，是一套很有結構性的排列方式。

(2) 依照文獻出現的順序排列

某些期刊或書籍，會要求作者依照文獻在論文中的出現順序，條列所有參考資料。而被引用文獻在正文中出現時，會在其右上方標註數字。這種類型的排列方式，通常讀者需要仔細地閱讀全文，再根據標註的數字，至參考資料區中尋找相關的文獻。

3. 文獻的撰寫格式

　　文獻撰寫格式最重要的事項，就是所有文獻的撰寫格式必須採用相同格式，切勿多種格式並用，造成讀者閱讀的困難。文獻的撰寫格式有很多種，例如APA格式（American Psychological Association）、MLA格式（Modern Language Association），以及IEEE格式（美國電子電機學會）等。由於文獻格式種類眾多，筆者建議初次進行論文寫作者，可以採用APA的格式[1]。APA格式是中小學科展及高中小論文所建議的格式，也是許多期刊指定採用的格式，因此熟悉APA格式的型態將有助於初次研究者熟悉參考文獻的排列及寫作方式。其他格式因種類眾多，敬請同學們自行上網查詢。

參考資料

1　可參閱維基百科 https://zh.wikipedia.org/wiki/APA%E6%A0%BC%E5%BC%8F

3-7　研究成果的發表型態

　　研究成果的發表（publication，或稱之為出版），指的是將研究成果撰寫成論文或其他公開型態的格式後，向外界公開。成果發表的型態大致可依據決定的時間點，分為以下兩大類，茲分別介紹之。

1. 先決定發表型態，再開始進行研究

　　有些研究會在研究工作開始前就已經確定發表的型態，例如科展的說明書、小論文、碩博士學位論文等等，以下分別說明之。

(1) 碩博士學位論文

　　　碩士及博士的學位論文，呈現的是研究生於就讀期間，針對特定學術主題的研究成果。碩博士論文通常先由系所的委員會就研究主題進行初步的審查，通過之後再開始進行後續的研究工作。畢業前必須將研究成果撰寫成論文初稿，通過口試後，再依據口試委

員的意見修正後，將論文定稿。定稿後的論文必須繳交至學校及國家圖書館典藏，提供外界查閱。

(2) 科展說明書

　　各縣市及全國性的中小學科展，參加的同學必須繳交科展說明書。科展說明書的架構和一般的論文相當類似，具有完整的論文寫作架構，惟科展說明書架構必須依循主辦單位的規範進行撰寫，頁數不得超過30頁。得獎作品的說明書均公開於國立臺灣科學教育館科展資訊管理系統[1]，供外界查閱。

(3) 小論文

　　除了科展之外，小論文是高中生參與學術研究的另一個管道。小論文寫作的目的，一方面可增進高中生從事研究的風氣外，另一方面則是希望培養同學深度使用圖書館資源的能力。小論文所要求的架構較為簡易，頁數不得超過10頁（110學年度起的最新規定請同學自行上網查詢確認）。小論文的得獎作品均公開於中學生網站[2]，以供外界查閱。

2. 研究完成後，再決定發表型態

研究者在研究工作告一段落時，根據研究成果的成熟度與否，再決定發表的型態，是學術界中非為常見的情形。以下是幾種常見的發表型態：

(1) 期刊論文（Journal Paper）

如果研究具有相當的完整性及有重要的發現，對於該研究領域的推展有實質貢獻時，研究者通常會將成果以期刊論文的型態，投稿至相關的期刊進行發表。期刊論文通常會經過期刊編輯及審查者的嚴格審查，根據論文的正確性、重要性及貢獻度，做出退稿（rejection）、修正（revision）或是刊登（publication）的決定。期刊論文對大多數學者來說，是對於研究成果的實質肯定，因此是相當重要的發表型態。

(2) 研討會論文（Conference Paper）

如果研究成果尚不完整，或是僅提出概念性的創新意見，研究者可將現有的研究進度投稿至研討

會進行發表。研討會是一個同領域學者彼此了解研究進度、互相討論，以及尋求合作研究的場域，因此在重要的研討會中發表論文，對於研究者來說也是相當重要的。研討會論文的發表型態，通常是口頭發表（oral presentation），而壁報發表（poster presentation）也是很常見的型態。必須注意的是，有些研討會會將所有的論文集結成冊後，出版會議論文集（proceedings），若研究者未來想將研討會論文改寫成較完整的期刊論文時，務必先了解版權的問題。

(3) 學術專書／專論／專文（Monograph）

經典的理論、研究方法、實驗結果等，通常會以學術專書或是專文的型態呈現。專書通常指的是完整的書籍，而專文指的是在多位作者共同撰寫的書籍中的某一章節。學術專書對於研究主題的描述，通常會比期刊論文更為全面及廣泛，因此經典的學術專書，是研究者進行研究時的重要參考資料，通常也會是大學或研究所使用的教科書來源。

(4) 手稿（Original Manuscript）

　　手稿指的是研究成果尚未以上述三類型態發表之前，以研究者個人的身分將其公開，常見的公開管道是個人網站或是特定的學術網路平台。手稿或許不能算是正式的發表或出版，但對於學術研究仍有其意義。由於期刊與學術專書需要耗費時間來審查投稿的論文，因此有些學者會以手稿的方式更有效率地公開其成果，希望研究成果能夠更快地被重視及閱讀，以及爭取儘早與同儕交流的機會。

參考資料

1　國立臺灣科學教育館科展資訊管理系統 https://twsf.ntsec.gov.tw

2　中學生網站 https://www.shs.edu.tw

第四部　新時代的來臨：
　　　　生成式AI的應用之道

4-1　生成式AI於學術研究的應用

　　人工智慧（Artificial Intelligence，簡稱AI）的發展十分迅速，也廣泛的應用在人類生活及各個產業。2022年11月底由OpenAI公司所推出的聊天機器人ChatGPT-3.5，其強大的能力不但震撼了全世界，也全面地改變了許多人類工作及學習的型態。和ChatGPT具有類似功能的尚有Microsoft Copilot（Bing Chat）、Google Gemini等由多家公司企業所推出的文字對話機器人。除了產生文字之外，也有許多可以產生圖片的AI工具，例如DALL-E和Midjourney就可以在給定指令或目標之後，產生出人們所需要的圖片。此外，GitHub Copilot可以在撰寫電腦程式時給予幫助，讓寫程式變得更有效率。以上所談到各式各樣的AI工具，一般稱之為生成式AI（Generative AI、GenAI，或稱為生成式人工智慧）。

　　生成式AI的出現，對於學生的學習與探究，產生了巨大的影響。過去習以為常的學習方法、工具或是步驟，將因為生成式AI強大的功能，隨之進化、改變、或是被淘汰。生成式AI在學術研究的應用十分廣泛，至少可以用於以下的項目：

1. 尋找研究主題

　　尋找研究主題是進行研究時的第一個步驟，也是很重要的步驟。在尋找明確的研究主題之前，必須先擇定更大範圍的研究領域，例如數學、地球科學、生醫研究、心理學等。在選定研究領域之後（以地球科學領域為例），同學們常見的問題就是地球科學的範圍這麼大，哪一個研究主題才符合我的能力和興趣呢？此時可以藉助生成式AI的協助，例如提出「地球科學近十年來最重要的研究主題為何」的問題，就可以快速了解地球科學之下各次領域的重要研究主題，同學們可從其中選取符合自身需求的主題（例如海嘯、地震、全球變遷），開始研究的工作。

2. 擬定論文架構

　　小論文比賽及科展都有報告寫作的指定格式（小論文的六段結構、科展的八段結構），同學們遵循該格式進行研究和寫作即可。如果沒有論文架構可以參考，而且不清楚研究論文的架構及分段落的方法，此時可以詢問生成式AI，例如「我想寫一篇全球暖化的論文，請提供論文的架構」，則可以得到從引言、文獻回顧，一直到結論、參考文獻等清楚的論文架構，以

及各個項目的簡要說明。根據生成式AI提供的建議，並依照個人研究的需求，修改生成式AI所提供的架構，通常都可以很不錯且符合學術研究規格的論文架構。

3. 協助蒐尋文獻

在研究進行之初，蒐集文獻是很重要的工作，常見的蒐集文獻方式包含了網路蒐尋（如google scholar），或是在圖書館找尋紙本文獻。生成式AI的出現，提供了另一個蒐尋文獻的方法。生成式AI由於經過龐大資料庫的訓練，這些資料庫通常也包含了學術論文的資料庫，透過向生成式AI提問，不但可以快速的找到所需要的文獻，也可以對新接觸的研究主題，獲得初步的概念。但要注意的是，生成式AI所提供的文獻資料不見得精確，有時候會產生虛擬文獻，或是作者和文章標題誤植的情形。建議各位同學在使用生成式AI找文獻時，要利用google scholar再次確認文獻的正確性，避免將錯誤或虛擬的文獻列入研究報告之中。

4. 摘要文獻重點

確認了生成式AI所提供文獻的正確性之後，如果能夠直接閱讀該文獻，了解並整理該文獻的重點，可以有效地提升同學

們的閱讀能力及對該領域的了解。然而，受限於研究與寫作的時間可能不夠，或是研究的領域過於龐雜及困難，同學們也可試著將蒐集來的文獻，將該文獻的重點部分（如結論、簡介、摘要）輸入至生成式AI，給予「將本段文字重點摘要為100字」之類的指令，就可以快速地獲得文獻的重點。藉由生成式AI的協助，可以大幅提升整理文獻及摘要重點的效率。

5. 尋找研究方法

　　每個領域的研究方法差異很大，也各自具有不同的研究方法，對高中生甚至是大學生而言，很多時候只能想到少數的研究方法，例如實驗、數學計算、或問卷等。建議同學們可以善用生成式AI，來增廣自己的視野以及找出研究的可能方法。例如向AI提問「天氣對人類的行為影響，有哪些質性和量化的研究方法」，生成式AI就會提供數種質性和量化研究的方法，同學們可從中選取可行性較高的單一方法，或將數種研究方法同時進行之；又或者是想要了解「研究海嘯的高度有哪些方法」，生成式AI也會提供實際量測、電腦模擬、歷史資料分析等多種研究方法以供參考。

6. 協助研究分析

　　生成式AI具有強大的分析及運算能力，可以用來分析研究資料。以高中同學們比較熟悉的數學分析為例，生成式AI可以協助計算平均值、標準差及中位數、可以協助計算微分與積分，或者是協助統計迴歸分析。例如給予生成式AI「請畫出(1,10)，(2,15)，(3,18)，(4,25)，(5,30)的線性迴歸方程式」的指令，就可以得到$y=5.5x+6$的線性迴歸方程式，節省了以人工計算時所需要的時間。此外，如果需要撰寫電腦程式協助研究的進行，生成式AI也可以協助生成電腦程式（例如python）的程式碼，讓研究工作可以更快速地進行。

7. 協助翻譯

　　非母語的文獻閱讀和論文寫作，對於同學們可能是一個蠻大的困擾。生成式AI的強大能力可以協助翻譯工作快速完成，例如「將我今天很快樂翻譯成英文、日文及德文」，便可迅速得到相對應的語言文字；又或者是將某段艱深難懂的英文文獻，請生成式AI協助翻譯成中文，也是很方便的方法。請注意，將少數文字由生成式AI進行翻譯，並由使用者再加以選擇及潤飾後使用，通常是被允許的行為。但是，如果由生成式AI

進行大規模翻譯（如整個段落、整篇文章），再將譯文直接放在自己的論文中，很可能會有違反學術倫理的疑慮。如果真的需要大規模的翻譯後直接使用，務必揭露該段落由生成式AI完成（詳見單元4-3），才不會引來文章代寫的指控。

8. 協助文字潤飾

當研究報告的初稿完成之後，將文章各段落逐一輸入至生成式AI，給予文字潤飾、或是修正拼字及文法錯誤的指令，通常可以獲得更加完整、通順且文字正確的文章。惟生成式AI所提供的結果，必須仔細再次確認無誤，以確保研究報告的正確性。

9. 整理參考文獻

對於研究新手來說，在論文最末的參考文獻單元，有關參考資料的排列與整理工作，是一件很麻煩的事情。一般來說，參考文獻的排列，必須依照一定的規則（例如中文先，外文後；中文姓氏筆畫少者先，依英文字母排序等），以及一定的論文資料（例如作者、文章標題、期刊、卷期、頁數、年代）進行排列。生成式AI可以通常可以依據使用者提供的資料，進行有效率且正確的排列。例如提問「請將下列十篇參考文獻，

轉換成APA格式……」，則可以迅速地得到符合APA格式的參考文獻資訊。依照筆者的經驗，中文的參考資料由生成式AI進行格式轉換之後，必須仔細確認標點符號，以及全形、半形的字體是否有誤，方能得到真正正確的格式。

　　除了以上所提到的項目，尚有其他的研究工作，或許也可透過生成式AI的協助完成。雖然生成式AI可以提供許多有效率的幫助，讓同學們可以快速完成某些工作。在使用生成式AI的時候，有一些需要注意的細節，以及相關的學術倫理規範，將在之後的兩個單元進行介紹，讓同學們可以在合理的範圍內，安心地使用生成式AI！

4-2　使用生成式AI需要注意的事情

要討論使用生成式AI時的注意事項，就得先了解生成式AI運作的基本原理。簡單來說，生成式AI的運作，是透過機器學習或其他模式，將大量的資料對AI進行訓練，以這些訓練的資料庫為基礎，生成式AI就可以自行產出各式各樣的內容，舉凡文字、圖片、電腦程式、音樂等，都可以透過各式各樣的生成式AI創造出來。

根據生成式AI的運作原理及特性，建議同學們使用時需要注意以下事項：

1. 生成內容的正確性

對於學術研究來說，內容的正確性非常重要，所謂的八卦文、農場文，或是假新聞，都不可作為研究和寫作時的參考。由於生成式AI運作的時候，如何進行演算及生成內容，使用者並不清楚。因此使用生成式AI的生成資料時，必須特別注意生成內容是否正確且可信賴。筆者建議生成式AI所產出的內容，應透過其他管道（例如書籍及網路）確認該內容是否正確。如

此一來，不但可以確認生成資料的正確性，提高論文寫作的嚴謹度，也可透過確認正確性的過程，強化自身的知識和視野，以及使用其他工具的能力。

2. 生成內容的偏見

由於生成式AI的訓練過程，所使用的資料庫及相關內容，都是使用者無法得知的。因為訓練用的資料庫及演算法並不透明，如果這些資料庫及演算法具有特定的社會或是人為觀點，這些觀點就會「內化」進入到生成式AI的系統中，進而生成具有這些觀點的內容。舉例來說，如果想訓練AI了解美國人的健康情況，所給予的訓練資料應該絕大部分都是美國人的健康資訊，如果我們詢問該生成式AI有關亞洲人的健康情況時，生成式AI有可能因為一無所知，因而生成了錯誤或是虛擬的資訊。此外，生成式AI也可能因為接受了大量人類社會刻板印象的訓練（例如性別與職業的刻板印象），進而生成出具有刻板印象的內容。以上所談到的通常會以「AI偏見」（bias）稱之，在很多的領域都可能會發生，例如種族、信仰、政治體制等。因此當我們在使用生成式AI所提供的內容時，務必格外小心面對可能存在的AI偏見。

3. 著作權的議題

　　與生成式AI相關的著作權議題，以及相關的法律規定，截至本書出版之日似乎還沒有明確的結論與規範，同學們未來可以持續關注AI相關著作權規定的發展。筆者先來談談目前（2024年年初）已經出現的爭議，這些爭議大致可以分為兩類。第一類屬於使用者使用不當的爭議，例如在競賽中使用了生成式AI所提供的圖片、或是利用生成式AI寫小說後出版營利。第二類則是原創者與AI所屬公司之間的爭議，例如部分畫家指控生成式AI訓練的過程中，未經同意用了他們的作品；又或者是媒體的新聞資料庫，在未經授權的情況下被用來訓練生成式AI。面對這些爭議，筆者有兩個建議提供同學們參考：第一個建議是當同學們使用生成式AI之前，先仔細看一下該AI公司的使用條款，或者直接詢問該生成式AI「相關的使用條款為何」，了解相關的規定及責任歸屬。第二個建議則是詳讀各項學術競賽、論文發表、甚至是課堂報告的相關規定，以免違反規則，對自己造成傷害。

4. 避免提供個人資訊或機密資料

　　當使用生成式AI的時候，我們所提出的問題或是對話的內

容，事實上也提供了新的資料，讓生成式AI可以持續學習、不斷地進步及發展。因此，舉凡個人的資訊、研究的新發現、機構的機密等等，都不適合作為生成式AI的提問資料，以免洩漏個人或機構的重要資訊，造成隱私的暴露以及後續的傷害。

5. 注重個人能力的培養

生成式AI的能力十分強大，可以很快地幫我們完成很多工作，也讓我們做事情更有效率。然而，如果人們過於仰賴生成式AI強大的能力，忽略培養自己某些重要的能力，最終可能導致生成式AI取代了人類，降低了人們存在的價值。因此，在生成式AI成為我們的得意幫手的同時，不能忘記我們應該持續培養或強化在「素養」層次的重要能力，例如判斷力、創造力、表達力等。

2022年底以來，生成式AI的快速發展，可以說是繼人類前四波的重大科技革命：機械化、自動化、電腦、網路之後，對於人類生活產生全面性影響的第五波科技革命。下表列出了人類在「技術」層面上的各種能力，在各式新科技出現之後，不斷地取代及進化的過程：

表一　人類「技術」層面的能力與科技工具演進過程表

能力	科技工具演進過程
文字記錄	手寫 → 打字 → AI語音
資訊記憶	人腦 → 紙張手寫 → 電腦輸入 → google → 生成式AI
資料蒐尋	圖書館查閱 → google查詢 → 生成式AI
統計／計算	手算 → 計算機 → 電腦（如Excel） → 生成式AI
文獻整理	手寫 → 文書軟體（如word） → 文獻管理軟體 → 生成式AI
外文翻譯	查字典 → 翻譯社 → 網路翻譯（如google） → 生成式AI

　　從上表可以發現，隨著科技工具的進化，人們所需的學術能力及「技術」也隨之變動。以文字記錄為例，早期的人們是以手寫的方式留下文字；當打字機及電腦出現之後，藉由打字可以更有效率的進行文字記錄；隨著語音輸入的技術愈來愈成熟，用說的方式能夠更快地達成文字記錄的目的。除了文字記錄之外，諸如記憶能力、找尋資料、數學計算、文獻管理、文法修正及外文翻譯等，都可以看出科技演變所帶來的影響。

　　在前述的第五點，筆者提到培養「素養」層次的能力十分重要，不應該被生成式AI所取代。然而，人們在「技術」層次上的能力，是否可以應該全面依賴生成式AI的幫助，削弱甚至是取代了這些原本人類擁有的能力？哪些技術上的能力可以「外包」給生成式AI？以文字記錄為例，隨著語音輸入的正確

度及效率愈來愈高，人類書寫的能力是否就不再重要？當生成式AI可以幫助人們翻譯外國語言，是否外文的學習就不再重要了？人工智慧的發展一日千里，這些問題或許需要更深度的思考，以及更廣泛的討論。

4-3　生成式AI的學術倫理議題

生成式AI的能力十分強大，同學們進行學術研究時，可以提供許多的協助，也可以讓研究更順利的進行。從概念發想、研究進行，一直到成果寫作，生成式AI都可以發揮其強大的能力。雖然生成式AI可以提供很大的協助，當應用於學術研究時，是否有需要遵守的學術規範？許多生成式AI所衍生的學術倫理問題，對於許多老師和同學造成了困擾。舉例來說，使用生成式AI有沒有抄襲和代寫的疑慮？使用生成式AI幫助寫作，需不需要告訴老師或是引用？如果使用了生成AI所生成的內容，隨後被發現該內容不正確或是虛構的，相關的責任該歸咎使用者、還是生成式AI或其研發者？

有關生成式AI在學術上應用時的規範，不同的研究單位、大學、或出版社，看法不見得一致。筆者綜整了多個機構的觀點，發現彼此之間雖有共通之處，但是在某些情況下，使用生成式AI是否合理卻有著不同看法。例如世界知名的Science期刊主編Thorp，就認為ChatGPT不可用於研究或寫作的任何部分，包含文字、影像、圖片、表格都不可使用，全面性地禁止

使用生成式AI[1]；然而，另一個也十分著名的Elsevier出版社的相關期刊，只提出了「寫作」階段的生成式AI使用規範，對於研究階段則沒有嚴格的限制[2]。此外，國內外各大學對於生成式AI的使用規範和建議[3,4,5]，也不盡相同。

為了讓同學們能有比較明確的指引，筆者綜整了許多機構的共同觀點，列出通用的「生成式AI學術倫理規範」，同學們可以將下列的規範和概念，應用在絕大多數的學術寫作場合。必須注意的是，某些學校、出版社或是學術競賽的主辦單位，可能會針對若干情況制訂特別的規範，同學們在將學術作品送出之前，必須仔細看完規定，才不會被退件或是產生負面的影響。例如，在112年度以前，小論文和閱讀心得寫作比賽的規定是「參賽作品不得抄襲、模仿、改編、譯自外文、以AI工具生成代寫或頂用他人名義參賽」，而科展對於生成式AI並無明確的規定。

以下我們會先列出生成式AI學術倫理規範的兩大原則，再列出與生成式AI相關學術倫理的議題。

1. 兩大原則：透明和嚴謹

在學術研究中，透明（transparency）和嚴謹（rigor）是研究者在各個階段都需要注意且遵循的原則[6]。這兩個原則

不僅是普遍的學術倫理原則，更是使用生成式AI時必須遵循的概念。「透明」指的是在資料蒐集、研究進行、論文寫作時，所有的過程及詳細資料都必須公開透明，不可隱匿或竄改資料，也不可將研究過程或內容刻意模糊化。「嚴謹」指的是研究的內容必須透過有邏輯、且有科學基礎的判斷及思考來獲得，不可以胡亂使用來路不明的資料，或是不依據科學原理進行研究。

在這兩個原則之下，使用者要正確地使用生成式AI所產出的資料，必須做到以下兩點：

(1) 揭露

揭露（disclosure）的意思是必須明確告訴讀者，哪些部分是生成式AI所產生的內容。首先，在論文「寫作」的階段中，不論任何部分，只要使用了生成式AI所提供的內容，不論是文字、圖片、表格等，都必須明確地在文章內告知讀者[2,3,6]。舉例來說，如果直接引用了生成式AI所提供的文字，必須在引用文字的最末處，標示（ChatGPT，使用之年月日），並在文末的參考文獻中，以「私人通訊」（personal communication）的格式列入此筆資料[4]。如果在「研

究」階段使用生成式AI，例如用於撰寫程式、協助統計分析等，就應該在研究方法的章節、或是結果分析與討論的章節，明確揭露使用生成式AI的方式及範圍。「揭露」其背後的學術原則就是「透明」，是一種做研究及寫作時的重要態度。

(2) 確認

截至今日為止，生成式AI所產出的內容不一定百分之百正確，原因可能出自於訓練時的資料庫的問題，也可能是演算法的問題。因此，使用者應該透過由其他管道，例如重要的文獻及經典書籍，再次確認生成內容的正確性[2]。「確認」的目的是為了遵循學術研究的「嚴謹」原則。

2. 學術倫理的議題

(1) 抄襲

在所有關於生成式AI的學術倫理議題中，抄襲是最顯而易見的爭議。根據本書第一部單元1-3中所

述，抄襲係「未經同意盜用他人的想法、研究過程、研究結果，及文字」。然而，生成式AI並非人類，與傳統上抄襲定義中「盜用他人」的概念並不相同；此外，生成式AI所產生的文字，是根據資料庫的資料重新合成產出的，因此幾乎不會和資料庫中的原始內容完全相同。同學們如果直接使用生成式AI所產出的內容，但未明確揭露使用了生成式AI，算是抄襲嗎？

　　有關生成式AI的抄襲議題，有兩個層面：第一個層面（淺層）是使用者直接使用生成式AI所提供的內容，是否涉有抄襲的疑慮？第二個層面（深層）則是生成內容的產生過程中，是否涉及抄襲？第一個層面的問題，可以遵循前述的「透明」原則解決之，也就是說，只要有使用生成式AI所提供的內容，一律明確揭露該內容出自生成式AI，如此就不會有抄襲的問題。第二個層面的問題比較複雜，涉及到追溯第一手資料的過程。比方說，學術初入門者常常會透過A論文的文獻回顧，快速地了解更多論文（例如B、C、D論文）。在這種情境之下，如果要引用資料來源，是該將A論文列為參考資料即可？還是應該將第一手資料的B、C、D論文列為參考資料呢？換個情境，如果

生成式AI將B、C、D三篇文獻資料，經過整理之後，重新生成了內容而且沒有提供這三篇文獻的資料，使用者在不知道這三篇論文是原始來源的情況下，使用了生成式AI的內容，也清楚標示了內容來自於生成式AI，會不會仍舊有抄襲這三篇文獻的問題呢？一般來說，在「嚴謹」的原則之下，使用這樣的生成式AI內容是有瑕疵的，原因是這些內容並不是生成式AI的原創，原創者另有其人。如果使用者沒有標示原創者的姓名來彰顯其貢獻，就不符合嚴謹和透明的原則。因此，筆者建議當生成式AI所產出的內容沒有資料來源時，同學們可以再追問一下生成式AI，該內容的資料來源為何？如果得到了第一手的文獻資料，建議同學們還是應該閱讀第一手的資料，並將其列入參考資料中，才是比較嚴謹的學術研究方式，也不會因為生成式AI的解讀錯誤，讓論文的正確性出現問題。

以上所談的是有關生成式AI的抄襲問題，和抄襲相近的另一個概念是「代寫」。一般而言，代寫所指的是由他人幫忙完成寫作，例如請同學或家長幫忙完成論文寫作。和抄襲的定義類似，傳統上代寫的定義是由「人類」幫忙代寫，如果使用生成式AI幫忙完

成寫作，算是代寫嗎？筆者認為，不論是抄襲或是代寫，都有著欺騙的動機，基於誠實為上策的概念，使用生成式AI的生成內容，一定要記得明確揭露，才不會被指控抄襲或是代寫。

(2) 作者身分

生成式AI可不可以是論文或是報告的作者呢？這個問題在學校內的報告或作業不會有任何問題，因為報告或作業上的名字，一定是學生本人，不可能把作者名字寫成是生成式AI。然而，在小論文寫作或是科展競賽、甚至是投稿到期刊的論文，情況就完全不一樣了。許多期刊出版社的生成式AI使用指引，都指出生成式AI不可以是作者（例如作者不可以是王小明及ChatGPT），也不可以引用AI為作者的任何論文[1,2,5,7]。因此，在論文的研究及寫作過程中，即便生成式AI幫了很大的忙，我們只需要揭露使用的方式及範圍即可，切記不可將AI列為作者。

(3) 責任歸屬

論文作者必須要為文章的內容負責，這是學術

倫理非常重要的精神之一。一旦論文出現了違反學術
倫理的情事，各個作者就需要擔任起相對應的責任，
適切地回應外界的質疑，甚至是面對後續的譴責及處
罰。試想，如果某篇論文的部分內容是由生成式AI所
提供，如果該部分出現了學術倫理的爭議（例如抄襲
或造假），該負責的「人」到底是誰呢？這個問題和
前述的作者身分息息相關，生成式AI不可以是作者的
潛在原因，在於它是科技工具，而非人類，無法擔負
任何責任或接受處罰，因此人類作者必須為論文的瑕
疵負起全部責任[3]。

3. 小結

根據以上所述，目前學界對於使用生成式AI的共同觀點
為：

- 生成式AI不可成為作者
- 在「寫作」階段，必須揭露並引用生成式AI所提供的內
  容
- 在「研究」階段，必須敘述使用生成式AI的方式及範圍
- 人類作者必須為生成式AI的內容負起最終責任

參考資料

1 Thorp, H. H., ChatGPT is fun, but not an author, Science, 379(6630), 313 (2023).

2 Elsevier, Publishing ethics, retrieved on January 8, 2024 from the website https://www.elsevier.com/about/policies-and-standards/publishing-ethics

3 國立陽明交通大學《生成式AI用於學術研究之參考指引》（2023）。

4 國立臺灣大學《臺大針對生成式AI工具之教學因應措施》（2023）。

5 國立清華大學《大學教育場域AI協作、共學與素養培養指引》（2023）。

6 US Government Accountability Office, Research Reliability, GAO-22-104411 (2022).

7 PNAS, The PNAS journals outline their policies for ChatGPT and generative AI, The updated authorship and editorial policies for PNAS and PNAS Nexus (2023).

國家圖書館出版品預行編目資料

學術研究三部曲：小論文及科展完全指南／劉
啟民著.--二版--.--臺北市：五南圖書出版
股份有限公司,2024.04
面；　公分.
ISBN 978-626-393-129-9（平裝）
1.CST: 學術研究　2.CST: 研究方法
3.CST: 論文寫作法　4.CST: 中等教育
524.39　　　　　　　　　　113002344

4H06

學術研究三部曲
小論文及科展完全指南

作　　者 ― 劉啟民

發 行 人 ― 楊榮川

總 經 理 ― 楊士清

總 編 輯 ― 楊秀麗

副總編輯 ― 黃文瓊

責任編輯 ― 李敏華

封面設計 ― 姚孝慈

出 版 者 ― 五南圖書出版股份有限公司

地　　址：106臺北市大安區和平東路二段339號4樓

電　　話：(02)2705-5066　傳　　真：(02)2706-6100

網　　址：https://www.wunan.com.tw

電子郵件：wunan@wunan.com.tw

劃撥帳號：01068953

戶　　名：五南圖書出版股份有限公司

法律顧問　林勝安律師

出版日期　2021年 6 月初版一刷（共二刷）
　　　　　2024年 4 月二版一刷

定　　價　新臺幣300元

經典永恆·名著常在

五十週年的獻禮——經典名著文庫

五南，五十年了，半個世紀，人生旅程的一大半，走過來了。

思索著，邁向百年的未來歷程，能為知識界、文化學術界作些什麼？

在速食文化的生態下，有什麼值得讓人雋永品味的？

歷代經典·當今名著，經過時間的洗禮，千錘百鍊，流傳至今，光芒耀人；

不僅使我們能領悟前人的智慧，同時也增深加廣我們思考的深度與視野。

我們決心投入巨資，有計畫的系統梳選，成立「經典名著文庫」，

希望收入古今中外思想性的、充滿睿智與獨見的經典、名著。

這是一項理想性的、永續性的巨大出版工程。

不在意讀者的眾寡，只考慮它的學術價值，力求完整展現先哲思想的軌跡；

為知識界開啟一片智慧之窗，營造一座百花綻放的世界文明公園，

任君遨遊、取菁吸蜜、嘉惠學子！